Manuel pour la solution des chiffres militaires

Parker Hitt

Writat

Cette édition parue en 2023

ISBN : 9789359253596

Publié par
Writat
email : info@writat.com

Contenu

INTRODUCTION

histoire de la guerre regorge d'occasions où l'interception de dépêches et d'ordres écrits en langage clair a entraîné une défaite et un désastre pour la force dont les intentions ont ainsi été immédiatement connues de l'ennemi. Pour cette raison, des généraux prudents ont utilisé des messages chiffrés et codés depuis des temps immémoriaux. La nécessité d'une expression exacte des idées exclut pratiquement l'utilisation de codes pour le travail militaire, bien qu'il soit possible qu'un code tactique spécial soit utile pour la préparation des ordres tactiques.

Il est donc nécessaire de recourir aux chiffres pour le travail militaire général si l'on veut que le secret des communications soit assez bien assuré. Autant dire ici qu'aucun chiffre militaire pratique n'est mathématiquement indéchiffrable s'il est intercepté ; tout au plus peut-on s'attendre à retarder plus ou moins longtemps le déchiffrement du message par l'intercepteur.

La capture de messagers n'est plus le seul moyen dont dispose l'ennemi pour obtenir des informations sur les projets d'un commandant. Tous les messages radio envoyés peuvent être copiés sur des stations hostiles à portée radio. Si l'ennemi parvient à obtenir un fil fin à moins de cent pieds d'une ligne de buzzer ou à moins de trente pieds d'une ligne télégraphique, le message peut être copié par induction. Les messages transitant sur les lignes télégraphiques commerciales, et même sur les lignes militaires, peuvent être copiés par les espions dans les bureaux. Sur les lignes télégraphiques à caractère permanent , il est possible d'installer des machines automatiques d'envoi et de réception à grande vitesse et d'empêcher ainsi la copie clandestine des messages, mais seul un chiffre sécurisé peut servir avec d'autres moyens de communication.

Ce n'est pas seul le corps du message qui doit être chiffré. Il est également important que, lors de la transmission, le préambule, le lieu, la date, l'adresse et la signature soient chiffrés ; mais cela doit être fait par l'opérateur expéditeur et ces parties doivent, bien entendu, être déchiffrées par l'opérateur destinataire avant la livraison. Un chiffre spécial pour les opérateurs devrait être utilisé à cette fin, mais il est difficile d'en prescrire un qui soit assez simple pour l'opérateur moyen, rapide et pourtant raisonnablement sûr. Une certaine forme de machine de chiffrement rotative semblerait être la mieux adaptée à cet objectif particulier.

Il est inutile de souligner qu'un chiffre qui peut être déchiffré par l'ennemi en quelques heures est pire qu'inutile. Il faut un temps étonnamment long pour chiffrer et déchiffrer un message, même en utilisant le type de chiffrement le plus simple, et les erreurs dans la transmission du matériel chiffré par fil ou par radio sont malheureusement trop fréquentes.

Kerckhoffs a déclaré qu'un chiffre militaire doit répondre aux exigences suivantes :

- 1er. Le système devrait être matériellement, sinon mathématiquement, indéchiffrable.

- 2d. Il ne devrait y avoir aucun inconvénient si les appareils et les méthodes tombaient entre les mains de l'ennemi.

- 3d. La clé doit être telle qu'elle puisse être communiquée et mémorisée sans nécessité de notes écrites et doit être modifiable au gré des correspondants.

- 4ème. Le système devrait être applicable à la correspondance télégraphique.

- 5ème. L'appareil doit être facilement transportable et une seule personne doit pouvoir le faire fonctionner.

- 6ème. Enfin, compte tenu des circonstances dans lesquelles il doit être utilisé, le système doit être facile à utiliser, n'exigeant ni effort mental ni connaissance d'une longue série de règles.

Un bref examen de ces six conditions doit conduire à la conclusion qu'il n'existe pas de code militaire parfait. La première exigence est celle qui est la plus souvent négligée par ceux qui prescrivent l'utilisation d'un chiffre donné et, même si elle n'est pas négligée, le caractère indéchiffrable de tout chiffre susceptible d'être utilisé à des fins militaires est généralement largement surestimé par ceux qui en prescrivent l'utilisation.

Si cela n'était pas vrai, il n'y aurait eu ni matière ni objectif dans la préparation de ces notes. Sur les centaines de messages chiffrés réels examinés par l'auteur, au moins les neuf dixièmes ont été résolus par les méthodes exposées ci-dessous. Ces messages étaient préparés selon les méthodes utilisées par l'armée américaine, les différentes armées mexicaines et leurs agents secrets, ainsi que par d'autres méthodes d'usage courant. L'échec habituel s'est produit avec des messages très courts. Les travaux étrangers consultés laissent penser que de nombreuses puissances européennes ont utilisé, à des fins militaires, des méthodes de chiffrement qui varient d'une extrême simplicité à une complexité plus apparente que réelle. Il reste à voir quel effet les événements récents ont eu sur cette question. Il suffit que les experts en chiffrement de pratiquement tous les pays européens aient appelé à maintes reprises les autorités militaires de leurs pays respectifs à supprimer ces chiffres inutiles et à adopter quelque chose qui offre plus de sécurité, même aux dépens d'autres considérations.

Le chiffre de l'amateur, ou du non-expert qui l'invente dans un but particulier, est presque sûr de tomber dans l'une des classes dont la solution est une affaire facile. L'esprit humain fonctionne de la même manière, malgré une tentative d'originalité de la part de l'individu, et cela est particulièrement vrai pour le travail de chiffrement car il existe très peu de sources d'information disponibles. En d'autres termes, l'homme moyen, lorsqu'il s'assied pour développer un chiffre, n'a rien à améliorer ; il invente et personne ne lui dit que son invention a en principe des centaines d'années. Les chiffres de l'Abbé Trithème , 1499, sont à la base de la plupart des chiffres de substitution modernes.

Au vu de ces faits, aucun message ne doit être considéré comme indéchiffrable. Les messages très courts sont souvent très difficiles et peuvent facilement échapper totalement à toute possibilité d'analyse et de solution, mais il est surprenant de voir ce qu'on peut parfois faire avec un message de quelques mots seulement.

En cas d'opérations actives, des experts en chiffrement seront immédiatement demandés. Comme tous les autres experts, l'expert en chiffrement ne naît pas en un jour ; et ce n'est qu'un travail constant avec les chiffres, combiné à une connaissance approfondie de leurs principes sous-jacents, qui en rendra un digne de ce nom.

CHAPITRE I

Équipement pour le travail de chiffrement

succès dans le traitement des chiffres inconnus se mesure par ces quatre éléments dans l'ordre indiqué ; persévérance, méthodes d'analyse minutieuses, intuition, chance. La capacité de lire au moins la langue du texte original est très souhaitable mais pas essentielle.

Le travail de chiffrement aura peu d'attrait permanent pour celui qui attend des résultats immédiats, sans travail, car il y a une grande quantité de travail purement routinier dans la préparation des tables de fréquences, le réarrangement des chiffres pour examen, et l'essai et l'ajustement des lettres à lettre avant que le message ne commence à apparaître.

Les méthodes d'analyse données dans ces notes ne couvrent que les variétés de chiffre les plus simples et il est bien entendu impossible d'en énumérer toutes les variétés. On estime que les méthodes proposées sont valables et plusieurs années de travaux fructueux dans ce sens semblent confirmer cette conviction. Pour des travaux plus avancés, il n'y a d'autre recours que d'étudier les autorités européennes dont les écrits sont pour la plupart en français, allemand et italien et, malheureusement, sont rarement disponibles en traduction anglaise.

Sous l'intuition doit être incluse une connaissance de la situation générale et, si possible, de la situation particulière qui a conduit à l'envoi du message chiffré. Savoir ou deviner qu'un certain message chiffré contient un mot particulier conduit souvent à sa solution.

Quant à la chance, il y a le vieux proverbe des mineurs : « L'or est là où on le trouve ».

Nous allons maintenant examiner l'équipement d'un bureau où s'effectue une grande partie du travail de chiffrement. Le travailleur occasionnel avec des chiffres peut s'en sortir avec beaucoup moins, mais les méthodes de classement et de tenue d'un enregistrement de tous les messages étudiés doivent être suivies autant que possible. L'échange de résultats entre individus et entre bureaux devrait être encouragé et, en période d'opérations actives, devrait être obligatoire. Un ennemi peut utiliser le même code dans des parties très éloignées de la zone d'opérations et il est inutile d'avoir de nombreux bureaux de chiffrement travaillant sur des messages interceptés, tous avec le même chiffre, alors qu'un seul bureau peut avoir la solution qui s'appliquera à tous. d'eux.

Le travail de chiffrement nécessite de la concentration et du calme et doit souvent se dérouler sans tenir compte des heures. Le bureau doit être choisi en tenant compte de ces points. Une force cléricale est souhaitable et même nécessaire s'il y a beaucoup de travail à faire. Le ou les commis pourront bientôt être formés pour effectuer la partie de routine de l'analyse.

On estime que chaque armée de campagne devrait disposer d'un tel bureau où tous les codes interceptés par les forces placées sous le commandement du commandant de l'armée de campagne devraient être envoyés immédiatement pour examen. Ce travail incombe naturellement à la section Renseignement de l'état-major de cet état-major. Une station de radio spéciale, dotée uniquement d'instruments de réception, devrait être un complément à ce bureau et sa fonction devrait être de copier tous les messages radio hostiles, qu'ils soient chiffrés ou en clair. Une telle station de radio ne nécessite qu'une petite antenne ; une antenne de type pack set ou n'importe quelle antenne amateur suffit, et les instruments de la station peuvent être facilement transportés dans une valise. Il faudrait prévoir trois opérateurs parfaitement compétents, afin que la station puisse être à l'écoute pendant vingt-quatre heures.

Le bureau devrait être pourvu de tableaux de fréquence de la langue de l'ennemi, couvrant les lettres simples et les digraphes ; un dictionnaire et une grammaire de cette langue ; des copies du War Department Code, du Western Union Code et de tout autre code disponible ; types d'appareils ou, au moins, données sur les appareils et les méthodes de chiffrement utilisées par l'ennemi ; et un classeur sécurisé et un fichier pour classer les messages examinés. Une machine à écrire est également souhaitable.

Le travail de bureau sur un chiffre examiné doit être effectué sur du papier de format standard et uniforme. Les formulaires imprimés contenant vingt-six lignes réglées et un alphabet vertical sont pratiques et permettent de gagner du temps lors de la préparation des tableaux de fréquences. Toute nouvelle méthode de chiffrement utilisée par l'ennemi doit, une fois résolue, être communiquée à tous les bureaux similaires de l'armée pour information.

À moins qu'un ennemi ne soit extrêmement vigilant et ne change fréquemment de clés et de méthodes, un tel bureau serait, en quelques jours, en mesure de divulguer complètement toutes les communications chiffrées interceptées de l'ennemi, pratiquement sans délai.

CHAPITRE II

Principes du mécanisme d'une langue écrite

quelques exceptions près, notamment le chinois, toutes les langues modernes sont constituées de mots eux-mêmes formés de lettres. Dans une langue donnée, le nombre de lettres et leur ordre conventionnel sont fixes. Ainsi l'anglais s'écrit avec 26 lettres et leur ordre conventionnel est A , B , C , D , E , etc. Certaines lettres sont utilisées très fréquemment et d'autres rarement. En effet, si l'on compte dix mille lettres consécutives d'un texte et que l'on note la fréquence d'apparition de chaque lettre, les nombres trouvés seront pratiquement identiques à ceux obtenus à partir de tout autre texte de dix mille lettres dans la même langue. La proportion relative d'occurrence des différentes lettres sera également valable approximativement pour des textes même très courts.

Un tel décompte d'un grand nombre de lettres, lorsqu'il est présenté sous la forme d'un tableau, est appelé tableau de fréquence. Chaque langue possède sa propre table de fréquences et, pour une langue donnée, la table de fréquences est presque aussi fixe que l'alphabet. Il existe des différences mineures dans les tableaux de fréquences préparés à partir de textes sur des sujets particuliers. Par exemple, si le texte est un article de journal, le tableau des fréquences différera légèrement de celui préparé à partir des ordres militaires et différera également légèrement de celui préparé à partir des messages télégraphiques. Mais ces différences sont très légères comparées aux différences entre les tables de fréquences de deux langues différentes.

Encore une fois, il existe un rapport fixe d'occurrence de chaque lettre avec chaque autre pour n'importe quelle langue et ceci, présenté sous forme de tableau, constitue un tableau de fréquence des digraphes. De la même manière, un tableau de trigraphes, montrant le rapport d'occurrence de trois lettres quelconques dans une séquence, pourrait être préparé, mais un tel tableau serait très complet et un décompte des combinaisons de trois lettres les plus courantes est généralement utilisé.

D'autres tableaux, tels que la fréquence des lettres initiales et finales des mots, pourraient être utiles, mais la pratique courante consiste à regrouper le texte chiffré en groupes de cinq ou dix lettres chacun et à éliminer les formes de mots. C'est presque une nécessité dans les communications télégraphiques et radio pour permettre à l'opérateur récepteur de vérifier la bonne réception d'un message. Il doit obtenir cinq lettres, ni plus ni moins, par mot, sinon il est sûr qu'il s'est trompé. En règle générale, il n'y a guère de difficulté à restituer les formes des mots dans le message déchiffré.

Nous allons maintenant aborder, dans l'ordre, les différentes tables de fréquences et particularités linguistiques de l'anglais et de l'espagnol. Des tableaux de fréquences pour le français, l'allemand et l'italien pour les lettres simples suivront. Tous les tableaux de fréquences ont été recalculés à partir d'au moins dix mille lettres de texte et comparés aux tableaux existants. Aucune différence marquée n'a en tout cas été constatée entre les tableaux recalculés et ceux déjà utilisés.

Données pour la solution des chiffres en anglais

TABLEAU I. —Tableau des fréquences normales. Fréquence pour dix mille lettres et pour deux cents lettres. Cette dernière est mise sous forme graphique et constitue nécessairement une approximation. Tiré d'ordres et de rapports militaires, texte anglais.

	10 000 lettres	200 lettres	
UN	778	16	1111111111111111
B	141	3	111
C	296	6	111111
D	402	8	11111111
E	1277	26	11111111111111111111111111
F	197	4	1111
g	174	3	111
H	595	12	111111111111
je	667	13	1111111111111
J.	51	1	1
K	74	2	11
L	372	7	1111111
M.	288	6	111111
N	686	14	11111111111111

	10 000 lettres	200 lettres	
Ô	807	16	1111111111111111
P.	223	4	1111
Q	8		
R.	651	13	1111111111111
S	622	12	111111111111
T	855	17	11111111111111111
U	308	6	111111
V	112	2	11
W	176	3	111
X	27		
Oui	196	4	1111
Z	17		

Voyelles AEIOU = 38,37% ; consonnes LNRST = 31,86 % ; consonnes JKQXZ = 1,77%.

Les voyelles peuvent être considérées en toute sécurité à 40 %, les consonnes LNRST à 30 % et les consonnes JKQXZ à 2 %.

Ordre des lettres : ETOANIRSHDLUCMPFYWGBV KJXZQ .

Tableau II. — Tableau de fréquence des messages télégraphiques, texte anglais. Ce tableau diffère légèrement du tableau des fréquences standard car le mot courant « le » est rarement utilisé dans les télégrammes et il existe une tendance à utiliser des mots plus longs et moins courants dans la préparation des messages télégraphiques.

	10 000 lettres	200 lettres	
UN	813	16	1111111111111111
B	149	3	111

	10 000 lettres	200 lettres	
C	306	6	111111
D	417	8	11111111
E	1319	26	11111111111111111111111111
F	205	4	1111
g	201	4	1111
H	386	8	11111111
je	711	14	11111111111111
J.	42	1	1
K	88	2	11
L	392	8	11111111
M.	273	6	111111
N	718	14	11111111111111
Ô	844	17	11111111111111111
P.	243	5	11111
Q	38	1	1
R.	677	14	11111111111111
S	656	13	1111111111111
T	634	13	1111111111111
U	321	6	111111
V	136	3	111
W	166	3	111
X	51	1	1

	10 000 lettres	200 lettres	
Oui	208	4	1111
Z	6		

Dans ce tableau les voyelles AEIOU = 40,08%, les consonnes LNRST = 30,77% et les consonnes JKQXZ = 2,25%.

Ordres des lettres : EOANIRSTDLHUCMPYFGWBV KXJQZ .

TABLEAU III. — Tableau de fréquence des digraphes, duaux ou paires (anglais). Ce tableau a été préparé à partir de 20 000 lettres, mais les chiffres présentés sont basés sur 2 000 lettres. Pour cette raison , ils sont, dans une certaine mesure, approximatifs ; Autrement dit, simplement parce qu'aucun chiffre n'est indiqué pour certaines combinaisons, nous ne devrions pas supposer que de telles combinaisons ne se produisent jamais, mais plutôt qu'elles sont rares. Les lettres de la ligne horizontale en haut et en bas sont les lettres principales ; ceux dans les colonnes verticales sur les côtés sont les lettres suivantes. Ainsi, dans deux mille lettres, on peut s'attendre à trouver AH une fois et HA vingt-six fois.

	UN	B	C	D	E	F	g	H	je	J	K	L	M	N	Ô	P	Q	R	S	T	U	V	W	X	Oui	Z
UN		1	7	dix	22	3	2	26	4	2	2	7	8	11	2	9		13	12	9		2	4	1	12	
B	5			1	2				1		1	1	1	2					2	1	3				1	
C	6		1	1	14	2			11					11	3			2	3	1	1		1		1	
D	6			12	3	1		2				4		30	1			4	1	1	1		1			3
E		11	14	16	12	2	6	33	dix	2	6	18	14	12	1	7		36	11	12	2	16	5		1	1
F	3			2	8	2	1		2				2	1	3	25			3	1	1				1	
g	4			1	3				2				11	2		3										1
H	1		11	2	4	1	4					1		2	1	1		2	dix	50			3		2	

	UN	B	C	D	E	F	g	H	je	J.	K	L	M.	N	Ô	P.	Q	R.	S	T	U	V	W	X	Oui	Z
je	2	1	4	12	6	5	1	12	1		5	9	8	12	1	3		12	13	22	2	3	6		1	1
J.		1																								
K	1		1		2													2	1		1					
L	14	6	2	1	6	1	1	1	6			9		3	6	3		3	2	3	5					
M.	7			3	13	2	2	3				4	1	dix				4	1	1					2	
N	38			3	25		2	1	31		3		2	2	39			4	3		11		2			
Ô	1	1	12	4	8	8	3	12	18	2		4	7	8	3	7		13	15	22		2	6	1	5	
P.	2			1	8				1			2	4	2	3	2		1	8	1	4			3	1	
Q					2								1	1					1							
R.	16	1	3	3	40	3	6	2	6			1	2	1	25	8		2	2	8	11				2	
S	16	1		3	25	1	2		17		1	2	1	12	7	2		9	11	6	11		1		6	
T	25	1	3	12	13	5	2	3	20			2	1	24	8	2		16	20	11	6		2	2	7	
U	1	2	1	6	1	3	2	2		3		3	1		17	1	5	3	5	5				1		
V	3	1			5			5							3			2			5			1		
W	1			2	8		1	1				1	1	2	4				2	3				3		
X	1				4			2							1						1					
Ou i	3	2		2	4		1	1					8	1	2	1		3	1	7						
Z	1								1					1												
	UN	B	C	D	E	F	g	H	je	J.	K	L	M.	N	Ô	P.	Q	R.	S	T	U	V	W	X	Oui	Z

TABLEAU IV. — Ordre de fréquence des paires communes à prévoir dans un décompte de 2 000 lettres de texte anglais militaire ou semi-militaire. (Basé sur un décompte de 20 000 lettres).

ÈME	50	À	25	ST	20
urgence	40	FR	25	IO	18
SUR	39	ES	25	LE	18
UN	38	DE	25	EST	17
CONCERNANT	36	OU	25	UO	17
IL	33	NT	24	RA	16
DANS	31	EA	22	COMME	16
ED	30	TI	22	DE	16
ND	30	À	22	RT	16
HA	26	IL	20	VE	16

TABLEAU V. — Tableau de récurrence des groupes de trois lettres à attendre dans un décompte de 10 000 lettres de texte anglais.

LE	89	TIO	33	EDT	27
ET	54	POUR	33	TIS	25
THA	47	EMI	31	MAINTES FOIS	23
ORL	39	A	28	STH	21
ION	36	RCE	27	HOMMES	20

TABLEAU VI. — Tableau de fréquence d'apparition des lettres comme initiales et finales de mots anglais. Basé sur un décompte de 4 000 mots ; ce tableau donne les chiffres pour une moyenne de 100 mots et est nécessairement une approximation, comme le tableau III. Les mots anglais proviennent de tellement de sources qu'il n'est pas impossible qu'une lettre apparaisse comme initiale ou finale d'un mot, bien que Q , X et Z soient rares comme initiales et B , I , J , Q , V , X et Les Z sont rares comme les finales.

Des lettres	U	B	C	D	E	F	g	H	j	J	K	L	M	N	Ô	P	Q	R	S	T	U	V	W	X	Ou	Z
	N s				e	.							.		.		.		.					i		
Initial	9	6	6	5	2	4	2	3	3	1	1	2	4	2	dix	2	-	4	51	2	-	7	-	3	-	7
Final	1	-	-	dix	1 7	6	4	2	-	-	1	6	1	9	4	1	-	8	91	1	1	-	1	-	8	-

Il est pratiquement impossible de trouver cinq lettres consécutives dans un texte anglais sans voyelle et on peut en attendre une à trois avec deux en moyenne générale. Dans vingt lettres quelconques, on peut s'attendre à trouver de 6 à 9 voyelles avec 8 en moyenne. Entre elles, la fréquence relative d'apparition de chacune des voyelles (y compris Y lorsqu'il s'agit d'une voyelle) est la suivante :

UN,	19,5%	E,	32,0%	JE,	16,7%
Ô,	20,2%	Toi,	8,0%	Oui,	3,6%

Les tableaux ci-dessus donnent tous les faits essentiels sur le mécanisme de la langue anglaise du point de vue de la solution des chiffres. L'utilité de ces tables deviendra évidente lorsque l'on abordera la solution des différents types de chiffrements.

Données pour la solution des chiffres en espagnol

La langue espagnole s'écrit avec l'alphabet suivant :

ABC CH DEFGHIJL LL
MN Ñ OPQR RR STUVXYZ

tandis que le sens exact dépend souvent de l'utilisation des accents sur les voyelles. Cependant, dans le travail de chiffrement, il est extrêmement gênant d'utiliser les digraphes permanents CH , LL et RR et ils n'apparaissent comme tels dans aucun des spécimens de chiffre espagnol ou mexicain examinés. Les voyelles accentuées et Ñ ne sont pas non plus trouvées et on peut, en général, dire qu'un chiffre dont le texte est espagnol sera préparé avec l'alphabet suivant :

ABCDEFGHIJLMNOPQRSTUV XYZ

et le récepteur doit fournir les accents et le tilde sur le N pour se conformer au sens général.

Cependant, de nombreux alphabets chiffrés mexicains contiennent les lettres K et W . Cela est particulièrement vrai des chiffres utilisés par les agents des services secrets qui doivent être prêts à manipuler des mots comme NEW YORK , WILSON et WASHINGTON . Les lettres K et W auront cependant une fréquence négligeable, sauf dans les messages courts où des mots comme ceux-ci apparaissent plus d'une fois.

À cet égard, si un chiffre contient des noms géographiques mexicains comme CHIHUAHUA , MEXICO , MUZQUIZ , les lettres H , X et Z auront une fréquence quelque peu exagérée.

En espagnol, la lettre Q est toujours suivie de U et le U est toujours suivi de l'une des autres voyelles, A , E , I ou O . Comme QUE ou QUI apparaît assez fréquemment dans le texte espagnol, en particulier dans la correspondance télégraphique, il convient de noter que, si un Q apparaît dans un chiffre de transposition, nous devons le relier à U et à une autre voyelle. La clé de plusieurs chiffres de transposition a été trouvée à partir de cette simple relation.

TABLEAU VII. — Tableau de fréquence normale des ordres et rapports militaires, calculé sur la base de 10 000 lettres de texte espagnol. La forme graphique est sur une base de 200 lettres.

	10 000 lettres	200 lettres	
UN	1352	27	111111111111111111111111111
B	102	2	11
C	474	9	111111111
D	524	dix	1111111111
E	1402	28	1111111111111111111111111111
F	91	2	11
g	137	3	111
H	102	2	11
je	606	12	111111111111

	10 000 lettres	200 lettres	
J.	41	1	1
L	517	dix	1111111111
M.	300	6	111111
N	619	12	111111111111
Ô	818	16	1111111111111111
P.	257	5	11111
Q	87	2	11
R.	751	15	111111111111111
S	724	14	11111111111111
T	422	8	11111111
U	387	7	1111111
V	85	2	11
X	6		
Oui	103	2	11
Z	42	1	1

Dans ce tableau les voyelles AEIOU = 45,65% ; consonnes LNRST = 30,33 % ; consonnes JKQXZ = 1,76%.

Ordre des lettres :

EAORSNIDLCTUMPGY (BH) FQVZJX .

Tableau VIII. — Tableau de fréquence des digraphes, duaux ou paires, texte espagnol. Comme le tableau III, ce tableau est basé sur 2 000 lettres bien qu'établi à partir d'un décompte de 20 000 lettres. C'est pour cette raison qu'il s'agit, dans une certaine mesure, d'une approximation ; Autrement dit, simplement parce qu'aucun chiffre n'est indiqué pour certaines combinaisons, nous ne devrions pas supposer que de telles combinaisons ne se produisent jamais, mais plutôt qu'elles sont rares. Les lettres dans les lignes horizontales en haut et en bas sont les lettres principales ; ceux dans les colonnes verticales sur les côtés sont les lettres suivantes. Ainsi, dans deux mille lettres, on peut s'attendre à trouver AI deux fois et IA vingt-trois fois.

	UN	B	C	D	E	F	g	H	je	J.	L	M	N	Ô	P.	Q	R.	S	T	U	V	X	Oui	Z	
UN	9	4	19	11	5		6	17	23		54	18	9	3	20		29	11	21	8	6		2	5	UN
B	6								3		1		4												B
C	24		6	6	24				5		3		8	8			9	5		2			2		C
D	31				29				3				19	13			dix	9					4		D
E	12	2	6	59	dix		1	5	7	2	12	18	22	4	9		38	25	28	25	3		3		E
F	4				4						4		3					3					1		F
g	2				4				8				4											2	g
H	2		12		dix													2					1		H
je	2		23	16			5	2			3	11	13				6	dix	5		3				je
J.	3				2								1												J.
L	21	3	6		39	3	3		7		21		5	6			12	2		2					L
M.	12				6				5		1		6	15			7	2		6			1		M.
N	32				46			2	8				32						12		2				N
Ô			26	22	2	6	3	4	9		16	2	8		20		15	7	11						Ô
P.	13				3				2		4	9	2	7			4	11							P.
Q	11	5									1		2				3		1						Q
R.	40				27	2			4		4		36	3			11		17	3					R.

	UN	B	C	D	E	F	g	H	je	J.	L	M.	N	Ô	P.	Q	R.	S	T	U	V	X	Oui	Z	
S	39				52				dix				7	14		2				14			3		S
T	5				13				4		4		18	5		6	30								T
U	2		4	2	6	3	4			5		2	6		4	17		15	2				1		U
V	2				2						2		2					2				2			V
X																									X
Ou i	5				6								2					5	2				2		Ou i
Z	1				2								1			4		2							Z
	UN	B	C	D	E	F	g	H	je	J.	L	M.	N	Ô	P.	Q	R.	S	T	U	V	X	Oui	Z	

TABLEAU IX. — Ordre de fréquence des paires communes à prévoir dans un décompte de 2 000 lettres d'ordres et de rapports militaires espagnols. Basé sur le tableau VIII.

DE	59	SUR	32	CA	24
LA	54	ANNONCE	31	CE	24
ES	52	ST	30	CI	23
FR	46	ED	29	IA	23
RA	40	RA	29	FAIRE	22
COMME	39	TE	28	NE	22
EL	39	urgence	27	AL	21
CONCERNANT	38	CO	26	LL	21
OU	36	SE	25	Pennsylvanie	20
UN	32	UE	25	PO	20

Tableaux de fréquence alphabétique

(Trusdell)

Fréquence d'apparition dans 1 000 lettres de texte :

Lettre	Français	Allemand	italien	Portugais
UN	80	52	117	140
B	6	18	6	6
C	33	31	45	34
D	40	51	31	40
E	197	173	126	142
F	9	21	dix	12
g	7	42	17	dix
H	6	41	6	dix
je	65	81	114	59
J.	3	1	1	5
K	1	dix	1	
L	49	28	72	32
M.	31	20	30	46
N	79	120	66	48
Ô	57	28	93	110
P.	32	8	30	28
Q	12	1	3	16
R.	74	69	64	64

Lettre	Français	Allemand	italien	Portugais
S	66	57	49	88
T	65	60	60	43
U	62	51	29	46
V	21	9	20	15
W	1	15		
X	3	1	1	1
Oui	2	1	1	1
Z	1	14	12	4

Ordre de fréquence

Français

E	UN	N	R.	S	je	U	Ô	L	D	C	P.	M.	V	Q	F	g	B	J.	Oui	Z
				T													H	X		

Allemand

E N je R. T S UN D g H C L F M. B W Z K V P. J. Q X Oui

        U   Ô

italien

E	UN	je	Ô	L	N	R.	T	S	C	D	M.	U	V	g	Z	F	B	Q
										P.							H	

Portugais

E UN Ô S R. je N M. T D C L P. Q V F g B J. Z X Oui

       U   H

Tableaux de fréquence graphiques

Fréquence d'apparition dans 200 lettres de texte.

Français

UN	16	1111111111111111
B	2	11
C	6	111111
D	dix	1111111111
E	39	111111111111111111111111111111111111111
F	2	11
g	1	1
H	1	1
je	13	1111111111111
J.	1	1
K		
L	dix	1111111111
M.	6	111111
N	16	1111111111111111
Ô	11	11111111111
P.	6	111111
Q	2	11
R.	15	111111111111111
S	13	1111111111111
T	13	1111111111111

U	12	111111111111
V	4	1111
W		
X	1	1
Oui		
Z		

italien

UN	23	11111111111111111111111
B	1	1
C	9	111111111
D	6	111111
E	25	1111111111111111111111111
F	2	11
g	3	111
H	1	1
je	23	11111111111111111111111
L	14	11111111111111
M.	6	111111
N	13	1111111111111
Ô	19	1111111111111111111
P.	6	111111
Q		
R.	13	1111111111111

S	dix	1111111111
T	12	111111111111
U	6	111111
V	4	1111
X		
Oui		
Z	2	11

Allemand

UN	dix	1111111111
B	4	1111
C	6	111111
D	dix	1111111111
E	32	11111111111111111111111111111111
F	4	1111
g	8	11111111
H	8	11111111
je	16	1111111111111111
J.		
K	2	11
L	6	111111
M.	4	1111
N	24	111111111111111111111111

Ô	6	111111
P.	2	11
Q		
R.	14	11111111111111
S	11	11111111111
T	12	111111111111
U	dix	1111111111
V	2	11
W	3	111
X		
Oui		
Z	3	111

Portugais

UN	28	1111111111111111111111111111
B	1	1
C	7	1111111
D	8	11111111
E	28	1111111111111111111111111111
F	2	11
g	2	11
H	2	11
je	12	111111111111
J.	1	1

L	6	111111
M.	9	111111111
N	dix	1111111111
Ô	22	1111111111111111111111
P.	6	111111
Q	3	111
R.	13	1111111111111
S	18	111111111111111111
T	9	111111111
U	9	111111111
V	3	111
X		
Oui		
Z	1	1

---

1 Occurrence rare, généralement dans les noms propres. ↑

Chapitre III

Technique d'examen du chiffrement

     période d' opérations actives , il est important que les messages chiffrés capturés ou interceptés parviennent au bureau d'examen dans les plus brefs délais. Le texte des messages, saisi à distance du bureau d'examen, doit être envoyé au bureau par télégraphe ou téléphone, les messages originaux étant transmis au bureau dès que possible.

Le préambule, « lieu de », date, adresse et signature, donnent les indices les plus importants quant à la langue du chiffre, à la méthode de chiffrement probablement utilisée et même au sujet du message. Si l'ensemble d'un message télégraphique ou radio est chiffré, il est fort probable que le préambule, « lieu de », etc., soient chiffrés par un opérateur et soient distincts du corps du message. Comme les chiffres de ces opérateurs sont nécessairement simples, il faut toujours tenter de découvrir, par des méthodes d'analyse qui seront exposées plus loin, l'étendue exacte du chiffre de l'opérateur et ensuite de déchiffrer les parties des messages chiffrés avec lui.

Dans les messages militaires, la langue du texte est presque invariablement celle de la nation à laquelle appartient la force militaire. La langue du texte du message des agents secrets est cependant une autre affaire et, face à de tels messages, nous devrions utiliser toutes les preuves disponibles, tant externes qu'internes, avant de décider définitivement de la langue utilisée. Chaque fois qu'un tableau de fréquence peut être préparé, ce sera la meilleure preuve à cet effet.

Tous les travaux de chiffrement et de déchiffrement des messages ainsi que de copie des chiffres doivent être effectués avec des lettres majuscules. Il y a beaucoup moins de risques d'erreur lorsque l'on travaille avec des majuscules et, avec peu de pratique, c'est à peu près aussi rapide. Une mesure de protection supplémentaire consiste à utiliser de l'encre noire ou un crayon pour le texte brut et de l'encre ou un crayon de couleur pour le chiffre. Une couleur distincte peut être utilisée pour la clé si nécessaire.

Le formulaire vierge suivant est suggéré comme étant pratique pour conserver une trace d'un chiffre en cours d'examen. Il doit accompagner le chiffre tout au long du processus d'examen et doit être rempli au fur et à mesure que les faits sont déterminés. Ce dossier, le chiffre original et toutes les notes de travail effectué pendant l'examen, doivent être classés ensemble une fois l'examen terminé, que le chiffre ait été résolu ou non. Il se peut que d'autres chiffres résolus plus tard donnent des indices sur la solution de ces chiffres non résolus.

La première colonne de ce formulaire doit être remplie à partir des données fournies par l'officier qui a obtenu le chiffre de l'ennemi. Une ordonnance générale, soulignant l'importance de transmettre rapidement les chiffres capturés ou interceptés à un bureau d'examen, pourrait préciser qu'un bref rapport reprenant ces données doit être transmis avec chaque chiffre.

La deuxième colonne du formulaire doit être remplie au fur et à mesure de l'avancement du travail. Le numéro du bureau doit être un numéro de série, le premier chiffre examiné étant le n° 1. La date et l'heure de réception au bureau d'examen serviront de contrôle quant au temps nécessaire pour le transmettre depuis le lieu de capture. Les espaces « De » , « À », « À », « À », « Date » sont destinés aux informations concernant l'expéditeur et le destinataire du chiffre et doivent être obtenus à partir du message. Dans le cas où un chiffre d'opérateur a été utilisé, ces parties du message devront être déchiffrées avant que les blancs puissent être remplis.

Section du renseignement, état-major général

1ère armée de campagne

Record of Cipher Examination

Place, ___________________________ Date ___________

This cipher obtained by

Office No. ____

Received

____

(Date)   (Hour)

at

From ____

on

At ____

To ____

(date)   (hour)

At ____

How being transmitted when obtained. (Underscore means used and enter data on sending and receiving stations).

Date ____

Probable language of text _________________________

	Sending Station	Receiving Station
Radio		
Telephone		
Telegraph		
Buzzer		
Helio		
Lantern		
Flag		
Cyclist	from	to
Foot Messenger	"	"
Mtd. Messenger	"	"

Class { Transposition ___________________________

Substitution ___________________________

Case ___________________________

Remarks:

Solution completed

____

(date)   (hour)

How obtained. (Underscore means used). Captured before delivery to addressee. Captured after delivery to addressee. Intercepted, not received by addressee. Copied, but received by addressee.

Language of text ___________________________________

Key, (if determined) _______________________________

Remarks:

Type ___________________ File No. ______________

____

Examiner.

La langue probable du texte est supposée à partir des données précédentes et, si nécessaire, de preuves internes. Ainsi, un chiffre provenant d'une source mexicaine et ne contenant pas de K ou de W est probablement en espagnol.

La classe et le cas sont déterminés par les règles énoncées ultérieurement. L'espace réservé aux remarques est destiné à permettre la notation de toute caractéristique particulière. Lorsque la solution est terminée, la date et l'heure sont notées, la langue du texte et la clé (si déterminée) sont saisies ainsi qu'un numéro de type, pour l'identifier avec d'autres chiffres préparés par la même méthode (mais pas nécessairement la même clé), lui est donné. Le numéro de dossier est destiné à faciliter le classement et la préparation d'un fichier.

Le processus d'examen dans un bureau avec un examinateur, un sténographe et un commis pourrait être le suivant : À la réception d'un chiffre capturé accompagné d'un rapport, le sténographe fait quatre copies du chiffre sur la machine à écrire. Le commis et le sténographe vérifient ensuite le travail. Le sténographe procède ensuite à remplir la première colonne et les deux premières lignes de la deuxième colonne du dossier vierge à partir du rapport de l'agent de capture, en conservant le chiffre original et deux copies avec le dossier. Il peut également remplir les sept premières lignes de la deuxième colonne, si ces données figurent sur le chiffre capturé en texte brut. Pendant ce temps , l'employé compte et note le nombre total de lettres du chiffre et l'occurrence de AEIOU , LNRST et JKQXZ , tandis que l'agent examinateur recherche dans le chiffre d'éventuels groupes de lettres récurrents et les souligne lorsqu'ils sont trouvés.

Ce travail étant terminé, l'agent examinateur est en mesure, habituellement, de décider de la classe du chiffre et il peut avoir trouvé dans son examen quelque chose qui le mènera au cas relevant de cette classe. Le commis lors de ce décompte préliminaire doit garder une trace de l'occurrence totale de chacune des quinze lettres de contrôle et non des trois groupes indiqués ci-dessus. Cela prend un peu plus de temps, mais une fois terminé, les données de quinze lettres de l'alphabet pour un tableau de fréquences sont complétées, ne laissant que onze autres lettres, et en espagnol, mais neuf, à compter, au cas où il serait nécessaire de préparer une fréquence. tableau.

Si le responsable de l'examen décide que le chiffre appartient à la classe de transposition, aucun travail supplémentaire avec les tableaux de fréquences n'est nécessaire. Le commis doit compter et noter le nombre de voyelles dans chaque ligne et colonne et l'agent examinateur doit rechercher toute occurrence de la lettre Q et essayer de la relier avec U et une autre voyelle. Le sténographe peut être amené à travailler en plaçant le chiffre dans des rectangles de différentes dimensions. Le travail du commis fournit des données pour un éventuel réarrangement, car si les voyelles sont très disproportionnées à un moment donné, elles doivent être reliées à la proportion appropriée de consonnes comme première étape du réarrangement. Le travail avec les chiffrements de transposition doit nécessairement inclure une grande partie de la méthode fit and try. Les détails de ce travail sont repris ultérieurement.

Si un chiffre semble être un chiffre de substitution, l'agent examinateur devra vérifier la fréquence d'apparition de chacune des quinze lettres comptées. Si certaines lettres (peu importe à l'heure actuelle lesquelles) apparaissent beaucoup plus fréquemment que d'autres et si certaines apparaissent rarement ou pas du tout, nous pouvons décider en toute sécurité du cas 4 , 5 ou 6 et laisser l'employé terminer le tableau des fréquences. pour le message. D'un autre côté, si les quinze lettres examinées apparaissent à peu près à la même fréquence – par exemple, la lettre la plus courante n'apparaissant pas plus de trois ou quatre fois plus souvent que la lettre la moins courante – nous pouvons immédiatement éliminer les trois premiers cas. et laissez le commis examiner le chiffre pour les paires et les groupes récurrents, en comptant les lettres intermédiaires, afin que l'agent examinateur puisse décider si <u>le cas 7</u>, ou un cas plus compliqué, doit être choisi.

Si quelque chose de plus compliqué que <u>le cas 7</u> a été utilisé et que d'autres chiffres sont disponibles en attente d'examen, le chiffre doit être placé dans le dossier non résolu pour être travaillé lorsque d'autres travaux le permettent, à moins que le contenu du chiffre soit considéré comme très important. Chaque opportunité doit être saisie pour nettoyer le fichier non résolu et, chaque fois qu'un message est résolu, les méthodes doivent être essayées, le cas échéant, sur tout ce qui reste dans le fichier.

Les premiers jours ou semaines après la création d'un bureau d'examen seront les plus éprouvants. Lorsque les codes résolus commenceront à s'accumuler, les méthodes de l'ennemi seront de plus en plus apparentes et il sera souvent possible de déterminer la méthode en connaissant le nom de l'expéditeur et du destinataire.

Lorsqu'un chiffre a été résolu, la solution doit être préparée en triple et recevoir le numéro de série du chiffre. Toutes les parties qui ne sont pas claires, en raison d'erreurs de chiffrement ou de transmission, doivent être soulignées ou mises en évidence d'une autre manière, afin que le chef de la Section du renseignement puisse les noter et, éventuellement, à partir d'autres sources, combler la lacune.

L'une des copies du chiffre et du rapport d'examen, ainsi qu'une copie de la solution, doivent être remises immédiatement au chef de la Section des renseignements ou au chef d'état-major. Les autres copies de la solution doivent être classées avec le chiffre original, le rapport d'examen et tous les travaux effectués sur le chiffre.

Périodiquement, disons une fois par semaine ou même quotidiennement au début des opérations actives, il devrait y avoir un échange entre tous les bureaux d'examen des messages résolus impliquant de nouvelles méthodes utilisées par l'ennemi. Tous les bureaux d'examen resteront ainsi en contact. Il peut également être possible d'attribuer certaines stations de radio hostiles à chaque bureau d'examen pour éviter la duplication du travail.

CHAPITRE IV

Classes de chiffres

existe, en général, deux classes de chiffres. Il s'agit du chiffre de transposition et du chiffre de substitution.

Les chiffres de substitution peuvent être constitués de lettres, de chiffres, de signes conventionnels substitués ou d'une combinaison des trois ; et en outre, à une seule lettre du texte original peut être substitué une seule lettre, un chiffre ou un signe ou deux ou plusieurs de chaque, ou un mot entier ou un groupe de chiffres, une combinaison de signes conventionnels ou des combinaisons de ces trois éléments. éléments. Ainsi, les chiffres de substitution peuvent varier de ceux d'une extrême simplicité à ceux dont la complication défie toute méthode d'analyse ordinaire et dont la solution nécessite la possession de longs messages et beaucoup de temps et d'étude. Heureusement, les chiffres de substitution les plus difficiles sont rarement utilisés à des fins militaires, en raison du temps et du soin requis pour le chiffrement et le déchiffrement.

Les chiffres de transposition sont limités aux caractères du texte original. Ces caractères sont réorganisés individuellement, selon une méthode ou une clé prédéterminée (transposition monolittérale), ou des mots entiers sont réorganisés de la même manière (chiffrement d'itinéraire).

Il peut également y avoir une combinaison de méthodes de transposition et de substitution pour chiffrer un message, mais dans ce cas , il tombera dans la classe de substitution lors de la première détermination et après solution en tant que chiffre de substitution, il devra être traité comme un chiffre de transposition. Des exemples de ce cas seront donnés.

On peut également trouver des méthodes de transposition ou de substitution appliquées à des mots tirés d'un livre de codes, ou à des nombres qui représentent ces mots. Ainsi, les méthodes de chiffrement se fondent dans le travail de codage, car un code n'est, après tout, qu'un chiffrement de substitution spécialisé.

Nous pouvons maintenant établir les règles permettant de déterminer si un chiffre donné appartient à la classe de substitution ou à la classe de transposition.

Comptez le nombre de lettres du message, le nombre de voyelles, AEIOU , le nombre de consonnes, LNRST et le nombre de consonnes, JKQXZ .

Si le texte est anglais et que le chiffre est un chiffre de transposition, cette proportion sera valable ; les voyelles AEIOU constituent 40 % de l'ensemble ; consonnes LNRST , 30% et consonnes JKQXZ , 3%.

Si le texte est espagnol, les proportions pour un chiffre de transposition seront : voyelles AEIOU 45 %, consonnes LNRST , 30 % ; consonnes JKQXZ , 2%.

Si ces proportions ne sont pas inférieures à 5 %, dans un sens ou dans l'autre, le chiffre est certainement un chiffre de substitution. Notez cependant que souvent la fin d'un message est remplie de lettres comme K , X , Z pour compléter les mots chiffrés et qu'il est préférable de négliger le ou les derniers mots lors du décompte. De plus, si le chiffre est long, cette détermination peut être effectuée en toute sécurité en prenant 100 ou 200 lettres consécutives du message, soit depuis le début, soit, si des valeurs nulles au début sont suspectées, depuis l'intérieur du message.

La distinction entre le chiffre de route (transposition) et le chiffre de substitution, dans lequel des mots entiers sont substitués aux lettres du texte original, doit être faite sur la base des mots réellement utilisés. Il est préférable de considérer un tel message comme un chiffre de route lorsque les mots utilisés semblent avoir une signification consécutive liée à la situation en question. Un chiffre de substitution de cette variété ne serait utilisé que pour la transmission d'un court message de grande importance et secret, et il y aurait alors de fortes chances que certains mots correspondant à A , E , N , O et T apparaissent avec une fréquence telle qu'ils pointent vers une fois au fait qu'un chiffre de substitution a été utilisé. Observez les lettres initiales ou terminales d'un tel chiffre ; ils peuvent épeler le message.

En général, la détermination de la classe par proportion de voyelles, de consonnes communes et de consonnes rares peut être suivie en toute sécurité. Nous allons maintenant passer à l'examen des variétés les plus courantes de chaque classe de chiffre.

CHAPITRE V

Examen des chiffres de transposition

avoir décidé qu'un chiffre appartient à la classe de transposition, il reste à décider de la variété de chiffre utilisé. Comme, par définition, un chiffre de transposition est entièrement constitué de caractères du message original, réarrangés selon une certaine loi, nous pouvons, en général, dire qu'un tel chiffre présente moins de difficultés de solution qu'un chiffre de substitution. Un chiffre de transposition est comme un puzzle d'images ; les pièces sont toutes là et la solution réside simplement dans leur disposition correcte.

CAS 1. — Chiffres géométriques. Ce cas comprend tous les chiffres dans lesquels un certain nombre de caractères sont choisis de manière à former un carré ou un rectangle de dimensions prédéterminées ; puis ces personnages sont disposés selon un dessin géométrique.

Prenant le message :

ABCDEFGHIJKLMNOPQRSTU VWX

de vingt-quatre lettres et en supposant un rectangle de six lettres horizontalement, et de quatre lettres verticalement, on peut avoir :

(*a*) *Horizontale simple* :

A B C D E F	FEDCBA	STUVWX	XWVUTS
GHIJKL	LKJIHG	MNOPQR	RQPONM
MNOPQR	RQPONM	GHIJKL	LKJIHG
STUVWX	XWVUTS	A B C D E F	FEDCBA

(*b*) *Verticale simple* :

AEIMQU	DHLPTX	UQMIEA	XTPLHD
BFJNRV	CGKOSW	VRNJFB	WSOKGC
CGKOSW	BFJNRV	WSOKGC	VRNJFB
DHLPTX	AEIMQU	XTPLHD	UQMIEA

(*c*) *Horizontale alternative* :

A B C D E F	FEDCBA	XWVUTS	STUVWX
LKJIHG	GHIJKL	MNOPQR	RQPONM
MNOPQR	RQPONM	LKJIHG	GHIJKL
XWVUTS	STUVWX	A B C D E F	FEDCBA

(*d*) *Verticale alternative* :

AHIPQX	DELMTU	XQPIHA	UTMLED
BGJORW	CFKNSV	WROJGB	VSNKFC
CFKNSV	BGJORW	VSNKFC	WROJGB
DELMTU	AHIPQX	UTMLED	XQPIHA

(*e*) *Diagonale simple* :

ABDGKO	GKOSVX	OKGDBA	XVSOKG
CEHLPS	DHLPTW	SPLHEC	WTPLHD
FIMQTV	BEIMQU	VTQMIF	UQMIEB
JNRUWX	ACFJNR	XWURNJ	RNJFCA
ACFJNR	JNRUWX	RNJFCA	XWURNJ
BEIMQU	FIMQTV	UQMIEB	VTQMIF
DHLPTW	CEHLPS	WTPLHD	SPLHEC
GKOSVX	ABDGKO	XVSOKG	OKGDBA

(*f*) *Diagonale alternative* :

ABFGNO	GNOUVX	ONGFBA	XVUONG
CEHMPU	FHMPTW	UPMHEC	WTPMHF
DILQTV	BEILQS	VTQLID	SQLIEB
JKRSWX	ACDJKR	XWSRKJ	RKJDCA

ACDJKR	JKRSWX	RKJDCA	XWSRKJ
BEILQS	DILQTV	SQLIEB	VTQLID
FHMPTW	CEHMPU	WTPMHF	UPMHEC
GNOUVX	ABFGNO	XVUONG	ONGFBA

(*g*) *Spirale, dans le sens des aiguilles d'une montre* :

A B C D E F	LMNOPA	IJKLMN	DEFGHI
PQRSTG	KVWXQB	HUVWXO	CRSTUJ
OXWVUH	JUTSRC	GTSRQP	BQXWVK
NMLKJI	IHGFED	FEDCBA	APONML

(*h*) *Spirale, dans le sens inverse des aiguilles d'une montre* :

APONML	NMLKJI	IHGFED	FEDCBA
BQXWVK	OXWVUH	JUTSRC	GTSRQP
CRSTUJ	PQRSTG	KVWXQB	HUVWXO
DEFGHI	A B C D E F	LMNOPA	IJKLMN

Il s'agit simplement d'une question d'inspection pour lire un message dans un chiffre de ce type, une fois les dimensions des rectangles déterminées. Nous plaçons la totalité ou une partie du message dans de tels rectangles et lisons horizontalement, verticalement et en diagonale vers l'avant et vers l'arrière. Des parties de mots apparaîtront immédiatement et le message tout entier sera bientôt déchiffré. Deux exemples montreront le processus.

Message

ILVGIOIAEITSRNMANHMNG

Ce message contient huit voyelles soit 38% sur vingt et une lettres, et les lettres LNRST apparaissent 7 fois soit 33%, les lettres XQJKZ n'apparaissant pas. Il s'agit donc d'un chiffre de transposition. Vingt et une lettres suggèrent immédiatement sept colonnes de trois lettres chacune ou trois colonnes de sept lettres chacune. En essayant le premier, nous avons :

ILVGIOI

AEITSRN

MANHMNG

et la lecture successive de chaque colonne (<u>cas 1-b</u>) révèle que le message est « Je pars ce matin ».

Message

MSIBR	ORSE e	VUE E M	CAROTTE	ÉLIDER	TOEPQ
ENRER	NSERY	ÉCOL L	ÉRÉUS	PLURC	ELOAJ
AEHUH	PFASO	N N O OA A	ÉPIUA	P P EAC	UQARU
OPOEI	IR R MI	AFDA A	RQUBO	ZAEGE	RSFSX

Il y a 120 lettres dans ce message avec 57 voyelles soit 47 % de voyelles, et les lettres LNRST apparaissent 31 fois soit 26 % du total.

La non-apparition de K et W et la proportion de voyelles nous amènent à supposer qu'il s'agit d'un chiffre de transposition d'un texte espagnol. Les facteurs de 120 sont $5 \times 3 \times 2 \times 2 \times 2$. Nous pouvons alors avoir un rectangle de 4×30 ou un de 5×24 ou deux de 5×12, ou trois de 5×8, ou quatre de 5×6, ou cinq de 3×8, ou dix de 3×4, ou vingt de 3×2. Le message étant dans un rectangle de 4×30, on peut l'inspecter tel quel et ce n'est clairement pas la disposition s'il être un chiffre de transposition géométrique du tout. Il est préférable cependant d'essayer d'abord les rectangles les plus grands possibles donc nous le mettrons sous la forme 5×24, donc :

<table>
<tr><td>M</td><td>S
.</td><td>je</td><td>B</td><td>R.</td><td>Ô</td><td>R</td><td>S
.</td><td>E</td><td>E</td><td>V</td><td>U</td><td>E</td><td>E</td><td>M
.</td><td>C</td><td>Ô</td><td>R
.</td><td>E</td><td>R.</td><td>E</td><td>L</td><td>j
e</td><td>D</td></tr>
<tr><td>E</td><td>T</td><td>Ô</td><td>E</td><td>P.
.</td><td>Q</td><td>E</td><td>N</td><td>R.</td><td>E</td><td>R.</td><td>N</td><td>S</td><td>E</td><td>R</td><td>O
ui</td><td>E</td><td>C</td><td>Ô</td><td>L</td><td>L</td><td>E</td><td>R</td><td>E
.</td></tr>
<tr><td>U</td><td>S</td><td>P.
.</td><td>L</td><td>U</td><td>R</td><td>C</td><td>E</td><td>L</td><td>Ô</td><td>U
N</td><td>J.
N</td><td>U</td><td>E</td><td>H</td><td>U</td><td>H</td><td>P
.</td><td>F</td><td>U
N</td><td>S</td><td>Ô</td><td>N</td><td>N</td></tr>
<tr><td>Ô
N</td><td>U
N</td><td>U</td><td>E</td><td>P.</td><td>j
e</td><td>U
N</td><td>U</td><td>P.
.</td><td>P</td><td>E</td><td>U
N</td><td>C</td><td>U</td><td>Q</td><td>U</td><td>R
N</td><td>U</td><td>Ô</td><td>P.
.</td><td>Ô</td><td>E</td><td>j
e</td><td>j
e</td></tr>
<tr><td>R
.</td><td>R.</td><td>M.
e</td><td>j
N</td><td>U</td><td>F</td><td>D
N</td><td>U
N</td><td>U</td><td>R
.</td><td>Q</td><td>U</td><td>B</td><td>Ô</td><td>Z
N</td><td>U</td><td>E
g</td><td>E</td><td>R.</td><td>S</td><td>F</td><td>S</td><td>X</td><td></td></tr>
</table>

Ici, une inspection montre qu'il s'agit du cas <u>1-f</u>, diagonale alternative, et que le texte est « ME SITUO SOBRE PARRAL PORQUE ME PRESENCIA FUE REVELADA POR U » ; ici le sens se casse mais notez que U est la douzième lettre de la ligne et continuez comme si le rectangle mesurait 5 × 12 et nous avons « NA PAREJA QU ». Inspectez maintenant le deuxième rectangle de 5 × 12 de la même manière et le sens continue « E SE ME ACERCO Y HUBO QUE RECHAZAR POR EL FUEGO ALLI ESRERO ORDENES FINISX ».

La manière pratique d'examiner un chiffre de ce type est de faire préparer par plusieurs hommes des rectangles de dimensions différentes, en utilisant les lettres du chiffre dans l'ordre reçu. Les rectangles peuvent être inspectés très rapidement une fois préparés. Notez que les dimensions d'un rectangle seront rarement telles qu'elles contiendront plus de cinquante lettres, en raison de la nécessité de remplir un rectangle avec des valeurs nulles si le nombre de lettres du message est juste un peu supérieur à un multiple du rectangle. . De plus, les grands rectangles donnent, pour toutes les méthodes sauf en diagonale, des mots entiers sur une ligne ou une colonne et ceux-ci sont facilement notés.

Les chiffres suivants relèvent du cas 1 :

CAS 1-i.—Le chiffre de clôture ferroviaire, utile comme chiffre pour les opérateurs mais ne permet aucune variation et est donc lu presque aussi facilement qu'un texte simple lorsque la méthode est connue. Le message:

LA CAVALERIE HOSTILE EST À LA RETRAITE

est écrit:

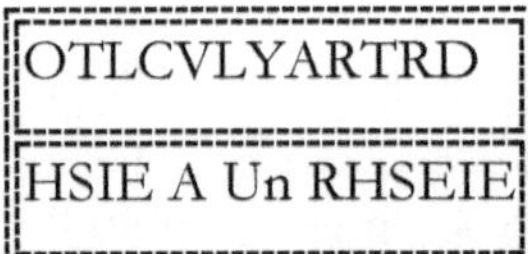

et est envoyé :

OTLCV LYART RDHSI EAARH SEIEX

CAS 1-j.

Message

S S SST	TPFOR	IE E AE
TQNET	FAIXE	GLFDR
AULRN	OSRXL	HATRO

Pour résoudre ce chiffre, lisez les colonnes dans cet ordre 8, 1, 15, 2, 14, 3, 13, 4, 12, etc. Une variante consiste à disposer le chiffre de manière à ce que les colonnes soient lues vers le haut. Une autre solution consiste à disposer les chiffres de manière à ce que les colonnes soient lues alternativement vers le haut et vers le bas. Les facteurs du nombre de lettres dans ce cas donnent la forme du rectangle comme d'habitude.

On verra qu'il existe un grand nombre de chiffres de transposition possibles qui relèvent du cas 1 mais pratiquement tous sont inutiles d'un point de vue militaire car ils ne dépendent pas d'une clé qui peut être facilement et fréquemment changée. Cependant, de tels chiffres apparaissent constamment lors des examens de chiffrement, étant utilisés pour des communications spéciales entre des parties qui considèrent les chiffres militaires réguliers trop compliqués. C'est pourquoi certains de ces expédients ont été utilisés.

ÉCRITURE INVERSÉE . — (Cas particulier du cas 1-a).

PARTIR CE SOIR est chiffré THGINOT GNIVAEL ou il peut être inversé par des mots, donc GNIVAEL THGINOT ou par groupes de cinq lettres, donc IVAEL NOTGN XTHGI .

ÉCRITURE VERTICALE . — (Cas particulier du Cas 1-b). Le même message est chiffré,

LT

EO

UN

VI   et est envoyé, LTEOA NVIIG NHGTX .

IG

NH

GT

CAS 2.— Ce cas inclut tous les chiffres de transposition dans lesquels les lignes et les colonnes du texte sont réorganisées selon un mot clé ou un numéro clé. Il existe de nombreuses variantes de ce cas, mais leur solution est généralement obtenue grâce aux méthodes suggérées pour le cas 1, c'est-à-dire la disposition en rectangles appropriés et l'examen des lignes et des colonnes à la recherche de mots ou de syllabes. Le réarrangement des colonnes ou des lignes s'ensuit jusqu'à ce que la solution soit terminée.

CAS 2-a.

FHIIG	TNGHI	NTCVN	IEIOT	CYIFIER	LHAEA	ESNBA	EEEEN
RWGBN	YDELR	OAEGS	RNEBO	VNLDA	ICAOA	LCNDT	IRGVA
CDOIE	SEREC	DVPEI	AFIFL	RINEH	ETT		

Il y a 108 lettres dans ce message et l'examen montre qu'il s'agit d'un chiffre de transposition, texte anglais. Le nombre de lettres, 108, suggère immédiatement un rectangle de 12 × 9 ou 9 × 12 lettres. Mis sous cette forme nous avons :

	Voyelles		*Voyelles*
SALUT , GFTNGHINT	3	Salut, je GFTNGH	2
CVNIEIOTCYIF	5	INTCVNIEI	4
YLHAEAESNBAE	6	OTCYIFYLH	2
E E E NRWGBNYDE	4	AEAESNBAE	6
LROAESGRNEBO	5	E E E NRWGBN	3
VNLDAICAOALC	5	YDELROAES	4
NDTIRGVACDOI	4	GRNEBOVNL	2
ESERECDVPEI A	6	DAICAOALC	5
FIFLRINEHET patrick	4	NDTIRGVAC	2
		DOIESEREC	5
		DVPEI A FIF	4
		LRINEHET patrick	3

Le nombre de voyelles des lignes montre que le premier arrangement est le plus probable. Nous allons maintenant numéroter les colonnes et essayer d'en associer certaines qui, sur aucune ligne, ne donneraient des combinaisons de lettres impossibles.

1	2	3	4	5	6	7	8	9	dix	11	12
H	je	je	g	F	T	N	g	H	je	N	T
C	V	N	je	E	je	Ô	T	C	Oui	je	F
Oui	L	H	UN	E	UN	E	S	N	B	UN	E
E	E	E	N	R.	W	g	B	N	Oui	D	E
L	R.	Ô	UN	E	S	g	R.	N	E	B	Ô
V	N	L	D	UN	je	C	UN	Ô	UN	L	C
N	D	T	je	R.	g	V	UN	C	D	Ô	je
E	S	E	R.	E	C	D	V	P.	E	je	UN
F	je	F	L	R.	je	N	E	H	E	T	T

Ces combinaisons apparaissent entre autres :

1	6	2	4	5	2
H	T	je	g	F	je
C	je	V	je	E	V
Oui	UN	L	UN	E	L
E	W	E	N	R.	E
L	S	R.	UN	E	R.
V	je	N	D	UN	N
N	g	D	je	R.	D
E	C	S	R.	E	S
F	je	je	L	R.	je

Le mot COMBAT nous regarde dès la première ligne ; Disposons les colonnes ainsi :

5	2	4	1	6	3
F	je	g	H	T	je
E	V	je	C	je	N
E	L	UN	Oui	UN	H
R.	E	N	E	W	E
E	R.	UN	L	S	Ô
UN	N	D	V	je	L
R.	D	je	N	g	T
E	S	R.	E	C	E
R.	je	L	F	je	F

Nous avons les mots FIGHTI(NG) , VICIN(ITY) , RENEWE(D) , ANDVIL(LA) , RDINGT(O) , RECE(IVED) . Pour continuer, nous devons choisir la colonne 11 comme suivante puis dans l'ordre, les colonnes 8, 10, 7, 12, 9. Mais notez que l'ordre 11, 8, 10, 7, 12, 9, est le identique à l'ordre 5, 2, 4, 1, 6, 3. Le message a été écrit en douze colonnes et les colonnes ont été transposées dans cet ordre. On peut, même si cela est tout à fait inutile, spéculer sur le mot clé utilisé. C'était probablement

MEXIQUE

4 2 6 3 1 5

ce qui signifie que la 4ème colonne du texte brut a été transférée en chiffrement elle est donc devenue notre 1ère, la 2ème colonne est restée la 2ème ; la 6ème colonne est devenue notre 3d, etc.

En fait, ce chiffre a été résolu parce que le mot VILLA était suspecté et que toutes les lettres nécessaires ont été trouvées dans la sixième ligne de la disposition en douze colonnes. L'ordre 1, 6, 3, 11, 8 a été essayé et a donné ce résultat.

1	6	3	11	8
H	T	je	N	g
C	je	N	je	T

1	6	3	11	8
Oui	UN	H	UN	S
E	W	E	D	B
L	S	Ô	B	R.
V	je	L	L	UN
N	g	T	Ô	UN
E	C	E	je	V
F	je	F	T	E

Le reste de la solution suivait les lignes déjà tracées et, bien entendu, ne présentait aucune difficulté, étant donné le grand nombre de syllabes connectées disponibles.

CAS 2-b.

Message

SLCOF	WETN	EBRDO	ORVYM	FFEDI
NMTEC	ROIAR	PERHO	ESETS	RFBHL
TENAH	OPTAU	SOMTL	RTETT	ASCBH
NIODC	RENÉ	AAPRD	LACYE	ECIE
SGUFN				

Il s'agit d'un chiffre de transposition, d'un texte anglais, et contient 105 lettres. Les facteurs de 105 sont 5 × 3 × 7, nous devons donc étudier les rectangles suivants : 5 × 21, 15 × 7, trois de 5 × 7, cinq de 3 × 7 et sept de 5 × 3.

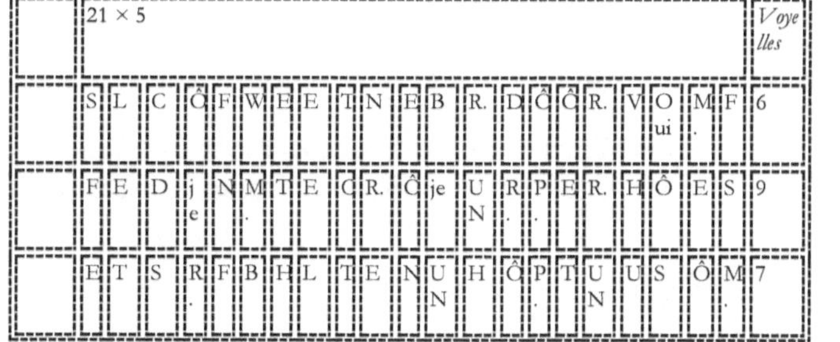

	21 × 5																					Voyelles
	S	L	C	Ô	F	W	E	E	T	N	E	B	R.	D	Ô	Ô	R.	V	O(ui)	M	F(.)	6
	F	E	D	j(e)	N	M	T	E	Ô	R.	Ô(je)	U(N)	R(.)	P(.)	E	R.	H	Ô	E	S		9
	Ê	T	S	R	F	B	H	L	T	E	N(UN)	U	H	Ô	P	T	U(N)	U	S	Ô	M	7

5 × 21					Voyelles
S	L	C	Ô	F	1
W	E	E	T	N	2
E	B	R	D	Ô(.)	2
Ô	R.	V	O(ui)	M(.)	1
F	F	E	D	je	2

																						Σ
	T	L	R.	T	E	T	T	U N	S	C	B	H	N	j e	Ô	D	C	R	E .	N	E	6
	N N	U	U N	P	R .	D .	L	U N	C	O ui	E	E	C	j e	j e	E	S	g	U	F	N	9
Voyelles	1	2	1	2	1	0	1	4	0	1	3	3	1	3	3	3	1	1	3	2	1	

N	M .	T	E	C	1
R.	Ô	je N	U	R .	3
P.	E	R	H	Ô .	2
E	S	E	T	S	2
R.	F	B	H	L	0
T	E	N N	U	H	2
Ô	P.	T	U N	U	3
S	Ô .	M	T	L	1
R.	T	E	T	T	1
U N	S	C	B	H	1
N	je	Ô	D	C	2
R.	E	N	E	N	2
U N	U N	P	R. .	D	2
L	U N	C	O ui	E	2
E	C	je	je	E	4
S	g	U	F	N	1
Voyelles	7	9	8	7	6	

Le nombre de voyelles des colonnes du rectangle 5 × 21 est très satisfaisant. Considérons-le comme trois blocs de 5 × 7 chacun, puisque nous devons le faire en fin de compte, et comptons les voyelles des colonnes pour ces blocs.

Colonne

	1	2	3	4	5
Voyelles, 1er bloc	2	2	3	2	2
Voyelles, bloc 2d	2	3	2	2	2
Voyelles, bloc 3D	3	4	3	2	2

C'est également excellent, nous allons donc essayer trois blocs 5 × 7 et voir si le réarrangement des *lignes horizontales* donnera des résultats en lisant les colonnes verticalement.

1   SLCOF   PERHO   ASCBH

2	NOUS E TN	ESETS	NIODC
3	EBRDO	RFBHL	RENÉ
4	ORVYM	TENAH	Un Un PRD
5	F F EDI	OPTAU	LACYE
6	NMTEC	SOMTL	ECI I E
7	ROI AR _	RTET T	SGUFN

Parmi les autres combinaisons figurent :

3	EBRDO	RFBHL	RENÉ
2	NOUS E TN	ESETS	NIODC
1	SLCOF	PERHO	ASCBH
5	F F EDI	OPTAU	LACYE
7	ROI AR _	RTET T	SGUFN

L'ajout de la ligne 6 au-dessus de la ligne 3 et de la ligne 4 en dessous de la ligne 7 complètera ce chiffre. Les colonnes successives doivent être lues vers le bas.

CAS 2-c. Dans ce cas, les lignes et les colonnes sont réorganisées au moyen d'un ou plusieurs mots clés. La méthode de résolution est la même que pour les cas 2-a et 2-b, sauf que les lignes doivent être réorganisées une fois les colonnes correctement disposées, ou dans certains cas, vice versa. Ce chiffre n'est pas rare car il semble offrir une sécurité par l'utilisation de deux mots clés et par la grande mais apparente complexité de la méthode.

Message

WVGAE	ÉGENL	TFTOH	TEIEF	RBTSE
INENG	ONWRM	GXIXN	GOITN	ROMRO
ESPAL	HNEAC	UDNNH	DERME	

Il s'agit d'un chiffre de transposition, le texte anglais et le nombre de lettres, 70, nous amènent à essayer des rectangles de 10×7 et 7×10.

	Voyelles		*Voyelles*
WVGAE ET GENL	4	WVGAE E G	3
TFTOHTEIEF	3	ENLTFTO	2
RBTSEINENG	3	HTEIEFR	3
ONWRMGXIXN	2	BTSEINE	3
GOITNROMRO	4	ONGONWRM	1
ESPALHNÉAC	4	GXIXONG	2
UDN N HDERME	3	ITNROMR	2
		OESPALH	3
		NEACUDN	3
		NHDERME	2

La première forme semble la plus probable d'après le nombre de voyelles. Nous procédons à la numérotation des colonnes et des lignes et essayons de réorganiser les colonnes afin d'obtenir des combinaisons de lettres possibles pour chaque ligne.

	1	2	3	4	5	6	7	8	9	dix
1	W	V	g	UN	E	E	g	E	N	L
2	T	F	T	Ô	H	T	E	je	E	F
3	R.	B	T	S	E	je	N	E	N	g
4	Ô	N	W	R.	M.	g	X	je	X	N
5	g	Ô	je	T	N	R.	Ô	M.	R.	Ô
6	E	S	P.	UN	L	H	N	E	UN	C
7	U	D	N	N	H	D	E	R.	M.	E

Entre autres combinaisons, nous avons celles-ci :

	3	5	1	4	2	8	dix	6	9	7
1	g	E	W	UN	V	E	L	E	N	g

	3	5	1	4	2	8	dix	6	9	7
2	T	H		T Ô		F je		F T		E E
3	T E		R. S		B E		g je		N N	
4	W M.		Ô R.		N je		N g		X X	
5	je N		g T		Ô M.		Ô R.		R. Ô	
6	P. L		E UN		S E		C H		UN N	
7	N H		U N		D R.		E D		M. E	

Une inspection très superficielle des lignes montre qu'elles doivent être réorganisées dans l'ordre 6, 1, 2, 7, 3, 5, 4, comme suit :

	3	5	1	4	2	8	dix	6	9	7
6	P.	L	E	UN	S	E	C	H	UN	N
1	g	E	W	UN	V	E	L	E	N	g
2	T	H	T	Ô	F	je	F	T	E	E
7	N	H	U	N	D	R.	E	D	M.	E
3	T	E	R.	S	B	E	g	je	N	N
5	je	N	g	T	Ô	M.	Ô	R.	R.	Ô
4	W	M.	Ô	R.	N	je	N	g	X	X

Bien que sans importance particulière, on peut affirmer que la clé de colonne dans ce cas était GRAND et la clé de ligne était CENTRAL , toutes deux utilisées comme dans <u>le cas de chiffrement 2-a</u> .

CAS 3 . Chiffres d'itinéraire. Dans ce cas, des mots entiers du message sont transposés selon certaines des méthodes du cas 1 ou 2 ou leurs équivalents. Le chiffre de route est peu utilisé à l'heure actuelle. Son développement et son utilisation pendant la guerre civile ont été causés par l'incapacité des télégraphistes de l'époque à traiter correctement et rapidement les problèmes de chiffrement réguliers. Même à cette époque, ce n'était franchement qu'un chiffre retardateur et, pour avoir une quelconque valeur, il devait être rempli de mots dénués de sens pour dissimuler le message proprement dit. Un exemple tiré du Signal Book suffira à montrer le caractère général des chiffres de route. Pour celui qui est familier avec les chiffrements à transposition monolittérale, même le meilleur des chiffrements par route n'offre que peu de difficultés.

« Pour chiffrer le message ' MOVE DAYLIGHT. L'ENNEMI APPROCHE DU NORD. LES PRISONNIERS DISENT UNE FORCE CENT MILLE. RENCONTREZ-LE COMME PRÉVU. ' arranger comme suit :

SE DÉPLACER	FORCE	PRÉVU	DIRE
LUMIÈRE DU JOUR	UN	COMME	LES PRISONNIERS
ENNEMI	CENT	LUI	NORD
APPROCHANT	MILLE	RENCONTRER	DEPUIS

Ici, l'itinéraire descend dans la première colonne, monte dans la quatrième, descend dans la deuxième et monte dans la troisième.

Ce chiffre était souvent compliqué par l'introduction de valeurs nulles pour un mot sur cinq. Ainsi, le message ci-dessus pourrait être envoyé :

DÉPLACEMENT DE FORCE PRÉVU DIRE *NE JAMAIS* LUMIÈRE DU JOUR CAR LES PRISONNIERS *LAISSENT* L'ENNEMI CENT LUI AU NORD *INCHANGÉ* APPROCHANT LES MILLE RENCONTRENT DE *VENIR* .

Les mots en italique sont nuls et ne font pas partie du message et le destinataire les élimine avant d'organiser son message en colonnes pour en comprendre le sens.

Comme complication supplémentaire, il était d'usage pour chaque correspondant d'avoir un dictionnaire ou un code dans lequel les noms de tous les généraux et lieux éminents et de nombreux verbes importants, comme marcher, naviguer, camper, attaquer, battre en retraite. ,—étaient représentés par d'autres mots.

Un chiffrement de route utilisant les mots de code du code du ministère de la Guerre pourrait présenter certains avantages par rapport à la méthode de chiffrement des messages codés prescrite dans ce code.

Remarques générales sur les chiffres de transposition

Les experts s'accordent à dire que le chiffre de transposition n'est pas le meilleur à des fins militaires. Il ne satisfait pas aux première, deuxième et troisième exigences de Kerckhoffs en ce qui concerne l'indéchiffrabilité, la sécurité lorsque l'appareil et la méthode tombent entre les mains de l'ennemi et la fiabilité d'un mot clé facilement modifiable.

Cependant, des chiffres de transposition sont souvent rencontrés. Ils sont les favoris de ceux qui trouvent les chiffres de substitution trop difficiles et trop fastidieux à manipuler et qui estiment que leurs méthodes de transposition sont soit absolument indéchiffrables, soit suffisamment pour dissimuler le texte d'un message pour l'instant. Ils semblent être particulièrement populaires auprès des agents secrets et des espions, probablement parce qu'un appareil spécial est rarement nécessaire pour le chiffrement et le déchiffrement.

Bien que le nombre de méthodes de transposition soit légion, elles peuvent pratiquement toutes être envisagées sous l'un des trois cas déjà évoqués. Il est surprenant de voir combien souvent les chiffres de transposition préparés par des règles compliquées se révèlent, après analyse, comme très simples.

Pour réussir à résoudre les chiffres de transposition, il faut constamment s'entraîner à lire les colonnes vers l'arrière et vers le haut et vers le bas, de sorte que les combinaisons courantes de lettres soient aussi rapidement identifiées lorsqu'elles sont vues ainsi que lorsqu'elles sont rencontrées dans un texte simple. Les combinaisons comme EHT , LLIW , ROF , DNA , etc. doivent être immédiatement appréciées comme des mots courants écrits à l'envers.

Une étude du tableau de fréquence des digraphes ou des paires est également une excellente pratique et un tel tableau devrait être à portée de main lorsqu'un chiffre de transposition est envisagé. Cela aide grandement si le cas 2 est rencontré et est d'une utilité considérable pour résoudre le cas 1.

La solution des chiffrements de route est nécessairement une solution d'essai et d'ajustement, sachant que ces chiffrements sont généralement lus dans les colonnes. On ne pense pas que les codes de route soient souvent rencontrés de nos jours.

CHAPITRE VI

Examen des chiffres de substitution

chiffre inconnu a été placé dans la classe de substitution par les méthodes déjà décrites, nous pouvons décider de la variété de chiffre de substitution qui a été utilisée.

Il existe quelques manières purement mécaniques de résoudre certains des cas simples de chiffrements de substitution, mais en règle générale, tout ou partie des déterminations suivantes doivent être effectuées :

1. En établissant un tableau de fréquence du message, nous déterminons si un ou plusieurs alphabets de substitution ont été utilisés et, si un seul a été utilisé, ce tableau conduit à la solution.

2. Par certaines règles, nous déterminons combien d'alphabets ont été utilisés, s'il y en a plusieurs, puis isolons et analysons chaque alphabet au moyen d'un tableau de fréquence.

3. Si les deux étapes précédentes ne donnent aucun résultat, nous avons affaire à un chiffre à clé courante, à un chiffre de type Playfair ou à un chiffre dans lequel deux caractères ou plus sont substitués à chaque lettre du texte. Quelques cas particuliers seront présentés sous ce troisième titre mais, en général, les chiffres militaires de la classe de substitution se retrouveront généralement sous les deux premiers chefs, en raison du temps et du soin requis dans la préparation et le déchiffrement des messages par le ces dernières méthodes et la nécessité, dans de nombreux cas, d'utiliser des machines compliquées pour ces processus.

CAS 4-a.

Message

OBQFO BPBRP QBAML OBHIF PILFQ FJBOX OFLNR BIXOZ EL

De la récurrence de B , F et O , nous pouvons conclure qu'un seul alphabet de substitution a été utilisé pour ce message. Si tel est le cas et si l'alphabet suit le même ordre et la même direction que l'alphabet ordinaire, le moyen le plus simple de découvrir la signification du message est de prendre les deux premiers mots et d'écrire des alphabets sous chaque lettre comme suit, jusqu'à ce qu'une ligne ait un sens :

OBQFOBPBRP

PCRGPCQCSQ

QDSHQDRDTR

RETRAITÉ

Le mot RETIRESE apparaît dans la quatrième ligne et, si l'ensemble du message est traité de cette manière , nous trouvons le reste de la quatrième ligne comme suit : USTED POR EL MISMO ITINERARIO QUE MARCHO . Le message a été chiffré en utilisant un alphabet où A = X , B = Y , C = Z , D = A , etc. notant que comme ce message est en espagnol, les lettres K et W n'apparaissent pas dans l'alphabet.

Cas 4-b.

Message

HUJZH UIUPN OZYTS VQXMI SMOMX MQHUD UMREI SESJU AG

Ceci est un message en espagnol. Nous le traiterons comme dans le cas 4-a , en écrivant l'intégralité du message.

HUJZHUIU	PNOZY	TSV	QX	MISMO	MXMQHUDUMR	EIE	ESJUAG
IVLAIVJV	QOPAZ	UTX	RY	UNE=UNE	NYNRIVEVNS	FJT	FTLVBH
JXMBJXLX	RPQBA	VUE	SZ		OZOSJXFXOT	GLU	GUMXCI
LYNCLYMY	SQRCB	XVZ	TA		PAPTLYGYPU	HMV	HVNYDJ
MZODMZNZ	TRSDC	YXA	UB		QBQUMZHZQV	INX	IXOZEL
NAPENAOA	USÉ	ZYB	Capital-risque		RCRVNAIARX	JOIE	JYPAFM
OBQFOBPB	A=U	AZC	XD		SDSXOBJBSY	LPZ	LZQBGN
PCRGPCQC		MAUVAIS	VOUS		TETYPCLCTZ	MQA	MARS
QDSHQDRD		CBE	ZF		UFUZQDMDUA	NRB	A = S
RETRAITE		DCF	AG		VGVARENEVB	OSC	
A=Q		GDE	BH		XHXBSFOFXC	PTD	
		FEH	CI		YIYCTGPGYD	QUÉ	
		GFI	DJ		ZJZDUHQHZE	A = O	

		HGJ	EL		ALÉVIRIAF		
		DIH	A=M		BMBFXJSJBG		
		JIM			CNCGYLTLCH		
		LJN			DODHZMUMDI		
		MLO			ÉPEIANVNEJ		
		NMP			FQFJBOXOFL		
		ONQ			GRGLCPYPGM		
		POR			HSHMDQZQHN		
		A = E			ITINÉRAIRE		
					A=D		

Ici chaque mot du message sort sur une ligne différente, et en notant dans chaque cas la lettre correspondant à A , on a le mot QUEMADOS qui est la clé. L'alphabet chiffré changeait à chaque mot du message.

Une variante de ce cas est celle où l'alphabet chiffré change en fonction d'un mot clé, mais le changement intervient toutes les cinq lettres ou toutes les dix lettres du message au lieu de chaque mot. Le texte du message peut être repris dans ce cas avec une petite étude.

Notez dans le cas 4 que si nous déchiffrons un message espagnol, nous utilisons en règle générale l'alphabet sans K ou W , bien que si les lettres K ou W apparaissent dans le chiffre, cela prouve que l'alphabet anglais régulier est utilisé.

CAS 5-a.

Message

DNWLW MXYQJ ANRSA RLPTE CABCQ RLNEC LMIWL XZQTT QIWRY ZWNSM BKNWR YMAPL ASDAN

Ce message contient K et W et nous nous attendons donc à ce que l'alphabet anglais soit utilisé. La fréquence d'apparition de A , L , N , R et W nous a amené à l'examiner sous le cas 4 mais sans résultat. Déposons les deux premiers mots et déchiffrons-les avec un disque chiffré réglé A sur A puis procédons comme dans le cas 4 .

Message chiffré   DNWLWMXYQJ

Décrypté A à UN XNEPEODCKR

B   YOFQFPEDLS

C   ZPGRGQFEMT

D   AQHSHRGFNU

E   GOUVERNEMENT BRITANNIQUE

Le message s'avère ainsi chiffré avec un disque chiffré défini de A à E et le texte est : LE GOUVERNEMENT BRITANNIQUE A PASSÉ DES CONTRATS AVEC LES ENTREPRISES SUIVANTES EN SEPTEMBRE .

CAS 5-b.

Identique au cas 4-b sauf que le message chiffré doit être déchiffré au moyen d'un disque chiffré réglé A à A avant de procéder à la constitution des colonnes d'alphabets. Les mots du message déchiffré se retrouveront sur des lignes distinctes, les lignes étant indiquées en règle générale par un mot clé qui peut être déterminé comme dans le cas 4-b .

La question de la fréquence alphabétique a déjà été abordée en considérant le mécanisme du langage. Il est pratique de présenter les tableaux de fréquences sous forme graphique et d'utiliser une forme graphique similaire pour comparer des alphabets inconnus avec les tableaux de fréquences standard. Par exemple , le tableau de fréquences standard espagnol mis sous forme graphique est présenté ici afin de comparer avec lui le tableau de fréquences du message discuté dans le cas 4-a .

Tableau des fréquences standard espagnoles			Tableau pour le cas de message 4-a		
UN	111111111111111111111111111	27	UN	1	1
B	11	2	B	1111111	7
C	111111111	9	C		
D	1111111111	dix	D		
E	1111111111111111111111111111	28	E	1	1
F	11	2	F	11111	5
g	111	3	g		

H	11	2	H	1	1
je	111111111111	12	je	111	3
J.	1	1	J.	1	1
L	1111111111	dix	L	111	3
M.	111111	6	M.	1	1
N	111111111111	12	N	1	1
Ô	1111111111111111	16	Ô	111111	6
P.	11111	5	P.	111	3
Q	11	2	Q	111	3
R.	111111111111111	15	R.	11	2
S	11111111111111	14	S		
T	11111111	8	T		
U	1111111	7	U		
V	11	2	V		
X			X	11	2
Oui	11	2	Oui		
Z	1	1	Z	1	1

Notre première hypothèse pourrait être que B = A et F = E mais il est immédiatement évident que dans ce cas, S , T , U et V (égaux à R , S , T et U) n'apparaissent pas et un message même celui-ci court sans R , S , T ou U est pratiquement impossible. En essayant B = E on constate que les deux tableaux s'accordent très bien de manière générale et c'est tout ce à quoi on peut s'attendre avec un message aussi court. Plus le message est long, plus son tableau de fréquences sera proche du tableau standard. Notez que si un disque chiffré a été utilisé, l'alphabet fonctionne dans l'autre sens et nous devons compter vers le haut lorsque nous travaillons avec une table graphique. Notons également que si, dans un message assez long, il est impossible de coordonner la table graphique, en lecture ascendante ou descendante, avec la table standard et que pourtant certaines lettres apparaissent beaucoup plus fréquemment que d'autres et certaines n'apparaissent pas du tout, on a un alphabet mixte à gérer. L'exemple choisi pour le cas 6-a est de ce caractère. Un examen du tableau des fréquences donné dans ce cas montre qu'il ne présente aucune ressemblance graphique avec le tableau standard. Cependant, comme on le verra dans le cas 7-b , l'établissement de tables graphiques permet d'affirmer avec certitude que le même ordre des lettres est suivi dans chacun d'un certain nombre d'alphabets mixtes.

Remarques générales

Tout chiffre de substitution, chiffré par un alphabet unique composé de lettres, de chiffres ou de signes conventionnels, peut être traité par les méthodes du cas 6. Par exemple, les messages des cas 4-a et 5-a sont facilement résolus par ces méthodes. Mais notez que les messages des cas 4-b et 5-b ne peuvent pas être résolus ainsi car plusieurs alphabets sont utilisés. Nous verrons plus tard qu'il existe des méthodes de séparation des différents alphabets dans certains cas où plusieurs sont utilisés et chacun des alphabets doit alors être traité comme ci-dessous.

CAS 6-a.

Message

QDBYP BXHYS OXPCP YSHCS EDRBS ZPTPB BSCSB PSHSZ AJHCD OSEXV HPODA PBPSZ BSVXY XSHCD

Ce message a été reçu d'une source qui nous assure qu'il est en espagnol. L'occurrence de B , H , P et S nous a incité à essayer les deux premiers mots comme dans les cas 4 et 5 mais sans résultat. Nous préparons maintenant un tableau de fréquences, en notant en même temps la lettre précédente et suivante. Cette dernière procédure ne prend guère plus de temps que la préparation d'un tableau de fréquences ordinaire et fournit des informations très précieuses.

Tableau des fréquences

			Préfixe		Suffixe
U N	11	2	ZD		JP
B	11111111	8	DPRPBSPZ		YXSBSPPS
C	11111	5	PHSH		PSSDD

			Préfixe	Suffixe
D	11111	5	QECOC	BROA
E	11	2	SS	DX
F				
g				
H	111111	6	XSSJVS	YCSCPC
je				
J.	1	1	UN	H
L				
M.				
N				
Ô	111	3	SDP	XSD
P.	111111111	9	YXCZTBHAB	BCYTBSOBS
Q	1	1		D
R.	1	1	D	B
S	111111111111	12	YYCBBCPHOPBX	OHEZCBHZEZVH
T	1	1	P.	P.
U				
V	11	2	XS	HX
X	11111	5	BOÉVY	HPVYS
Ou i	1111	4	BHPX	PSSX
Z	111	3	SSS	PAB

Il ressort clairement de l'examen de ce tableau que nous avons affaire à un seul alphabet mais dans lequel les lettres n'apparaissent pas dans leur ordre régulier.

Nous pouvons supposer que P et S sont probablement A et E , à la fois en raison de la fréquence avec laquelle ils apparaissent et de la variété de leurs préfixes et suffixes. Si tel est le cas, alors B et H sont probablement des consonnes et peuvent représenter respectivement R et N. D et X sont alors des voyelles par la même méthode d'analyse. En notant que HC apparaît trois fois et en prenant H comme N , nous concluons que C est probablement T . Remplacez ces valeurs dans les trois derniers mots du message car les lettres supposées y apparaissent assez fréquemment.

PBPSZBSV X Oui X SHC D

       je   je   je

ARAE_RE_ _   ORL

       Ô   Ô   Ô

Maintenant, Z est toujours préfixé par S et peut être L . En prenant X=I et D=O , (ce sont certainement des voyelles), V=G et Y=M , on a

ARA EL REGIMIENTO

En substituant ces valeurs dans le reste du message, nous avons

Q DBYPBXH YSOXPCP YSHCSED RBSZPTPB

_ ORMARIN ME_IATA MENTE_O _RELA_AR

BSCSB   PSHSZ   AJHCD   OSEXVHPODA

RETER   AENEL   __NTO   _E_IGNA_O_

Nous pouvons maintenant prendre Q=F , O=D , E=S , R=B , T=C , A=P et J=U et le message est complet. Nous sommes aidés dans notre dernière hypothèse en notant que S=E et E=S , etc., et nous pouvons sur cette base reconstruire l'alphabet entier. Les lettres entre parenthèses n'apparaissent pas dans le message mais peuvent être considérées comme correctes.

Ordinaire U B C D E F g H je J. L M N Ô P. Q R S T U V X O Z
          N   .   .   ui

Chiffre P. R T Ô S (Q (V N (X (U (Z (Y (H D U F B E C J. g j M. L
r   .   ))   )))))   N   e

Il est toujours bon d'essayer de reconstruire l'alphabet entier pour pouvoir l'utiliser au cas où d'autres messages chiffrés qui y seraient écrits seraient reçus.

CAS 6-b.

Message

Lieutenant JB Smith, Royal Flying Corps, Calais, France.

DACFT RRBHA MOOUÉ AENOI ZTIET

ASMOS ÉOHIE YOCKF NOHOÉ NORD

OMÉAH NILGO OSAHU OHOUE APCHS

TLNDA CFTEN INTWN BAFOH GROHT

AEIOH ABRIS APDOC TRREN OSTSM

AYBIS DFTEN EFAPH OSMNI ZTIEA

HILLI TWSOU GDENO UTOM EAHBH

AMOU AYOE QISUU OLEHA DÉNOÉ

NHOOQ OBBOR TSLHO BAHÉO UBHOB

IHTSW ÉNOHO PAHIH ITUAS BIHTL

Graham-White.

L'adresse et la signature indiquent que ce message est en anglais.

Il y a 250 lettres dans le chiffre ; les voyelles AEIOU apparaissent 109 fois ou 43,6 %, les lettres LNRST apparaissent 62 fois ou 24,8 % et les lettres KQVXZ apparaissent 5 fois ou 2 %. La proportion dans le cas des voyelles est un peu trop grande et, dans le cas des lettres LRNST , elle est trop petite. On peut alors se demander s'il s'agit d'un chiffre de transposition , même si , à première vue, cela pourrait en être un.

En examinant certaines parties de mots possibles, nous sommes immédiatement frappés par l'apparition à intervalles irréguliers de groupes récurrents, à savoir :

DACFTRR	ENO	BHAMOOUÉA
DACFTEN	ENOUTHOMEAH	BHAMOOUÉA
	ENO	

DACFTRR   DENOUTHOMEAH   IZTIE

FTEN   DÉNO   IZTIE

                 ENO

Ceci est une forte indication que le chiffre est un chiffre de substitution, donc, pour effectuer un examen, une table de fréquence sera construite.

Tableau des fréquences

U	N	B	C	D	E	F	g	H	je	J.	K	L	M.	N	Ô	P.	Q	R.	S	T	U	V	W	X	Oui	Z
23		11	7	6	24	7	3	26	16	0	1	8	8		15	36	3	2	8		14	17	11	1	3	0	3	2

À première vue, cela ressemble à un tableau de fréquences normal, mais O est la lettre dominante, suivie de H , E , A , T , I , N , S , dans l'ordre indiqué. C'est certainement le cas 6 s'il s'agit d'un chiffre de substitution.

Voyons ce qui peut être fait en supposant O=E ; le triplet ENO , apparaissant six fois pourrait bien être THE et E=T et N=H . Un coup d'œil au tableau des fréquences montre que cela est raisonnable. Remplacez maintenant ces lettres par certains groupes probables. FNOHOENO devient _HE_ETHE ; FTEN devient _TH ; ENOENHO devient THETH_E ; ENOHO devient THE_E . Un peu d'étude montrera que F=W , T=I et H=R et le tableau des fréquences le confirme sauf que H(=R) semble se produire trop fréquemment. Les groupes récurrents contenant DAC (voir ci-dessus) apparaissent de telle manière que nous pouvons être sûrs que DAC est un mot, FTRR en est un autre et FTEN(=WITH) en est un troisième. Désormais FTRR devient WI__ , qui ne peut être complété que par une double lettre. LL remplit l'addition et on peut dire R=L . Lorsque DAC démarre le message et est suivi de FTRR (=WILL), il est raisonnable d'essayer DAC=YOU . En regardant DAC dans le tableau des fréquences, il est évident que nous ne tendons pas à cette hypothèse. Nous avons maintenant :

Lettres de chiffre   ONTAHECFD

Lettres de messages EHIORTUWY

Prenons maintenant le groupe ENOUTHOMEAH qui apparaît deux fois. Cela devient THE_IRE_TOR et si nous substituons U=D et M=C nous avons THE DIRECTOR . Ensuite le groupe (FTRR)BHAMOOUEA devient (WILL) _ROCEEDTO et le contexte donne le mot avec la lettre manquante comme PROCEED , d'où B=P . Ensuite le groupe (ENO) IZTIETASMOSEOHIEYOCK(FNOHO) devient (THE)__I_TIO_CE_TER_T_EU_(WHERE) et le groupe (FTEN)EFAPHOSMNIZTIEAHL devient (WITH)TWO_RE_CH__I_TOR_ . La substitution de A pour I , V pour Z , N pour S et F pour P fait lire ce dernier groupe (AVEC DEUX AVIATEURS FRANÇAIS) et le premier lit (LE)CENTRE D'AVIATION À _EU_(OÙ) .

Or, le mot YOCK = (_EU_) est évidemment le nom d'un lieu. Nous trouvons un autre groupe contenant Y , à savoir : ENOSTSMAYBISD qui devient THENINCO_PANY donc évidemment nous devrions remplacer M par Y . L'autre occurrence de Y (=M) se trouve dans le groupe EAYOEQISU qui devient TOMET_AND . Une connaissance raisonnable de la géographie nous donne les mots MEUX et METZ de sorte qu'il faut substituer X à K et Z à Q .

Nous disposons désormais de suffisamment de lettres pour un déchiffrement complet du message.

Lettres de chiffre   ABCDEFGHIKLMNOPQRSTUVWYZ

Lettres de messages OPUYTW_RAXSCHEFZLNID__MV

Le message décrypte :

VOUS VOUS PROCÉDEREZ AU CENTRE D'AVIATION DE MEUX OÙ LE DIRECTEUR A REÇU L'ORDRE DE VOUS FOURNIR UN AVION LERIOT DE HAUTE PUISSANCE. VOUS ALLEZ ALORS EN COMPAGNIE DE DEUX AVIATEURS FRANÇAIS ASSI_NED _Y LE DIRECTEUR PROCÉDER À METZ ET DÉTRUISER LES TROIS ZEPPELINS RAPPORTÉS EN PRÉPARATION_LÀ POUR UN RAID SUR PARIS.

La substitution de B pour G , G pour W et K pour V complète le chiffre. Ce chiffre est difficile uniquement parce que l'alphabet chiffré est constitué, non pas au hasard, mais scientifiquement en tenant compte de la fréquence naturelle d'apparition des lettres. Dans le travail de chiffrement, il est dangereux de négliger une analyse appropriée et de tirer des conclusions hâtives.

Dans l'étude des chiffres de substitution mexicains, on a trouvé plusieurs alphabets composés de manière générale, comme celui discuté dans ce cas.

CAS 6-c. — Il est pratique, lorsqu'il s'agit de chiffres composés de nombres ou de signes conventionnels, de substituer aux nombres et aux signes des lettres arbitraires. Supposons que nous ayons le message :

"??2&   45x15   )" 8&#   &&1x4   %&4&%

6x ?& »   8&*x4   6°*°&   %« 4& »

Par substitution arbitraire de lettres, cela se fait

 ABCD   EFGHF IJKDL   DDHGE MDEDM

 Agence NGBDA KDOGE NPOPD MAÉDA

Ce message est maintenant sous une forme pratique à gérer comme le cas 6-a et la solution trouvée se lit comme suit :

TOUTES LES PERSONNES ONT REÇU L'ORDRE DE QUITTER LA ZONE FORTIFIÉE.

De la même manière le message

1723 3223   2825 1828 3630 2336 1423 2827 2324 3120 2317 3123

3036 2120   2415 3029 1512 2831 1721 2715 2811 2715 1923 3030

1215 11h30 2128 3623

se compose entièrement de nombres compris entre 11 et 36, les nombres 23, 28 et 30 étant les plus fréquents. Cela suggère immédiatement un alphabet composé de chiffres de 11 à 36 inclus et chaque groupe de chiffres représente deux lettres. Par substitution arbitraire de lettres pour des groupes de deux nombres on obtient :

UN   CB   DE FD GH BG BI DJ BK ML BA   KG
B

HG   Nouveau-   PO QG RP DL UN JP DS JP tuberculose HH
     Mexique

PR   SH   ND FR

et ce message est également susceptible d'être traité comme le cas 6-a. Il lit, en solution,

SEPT CENTS HOMMES SONT PARTIS HIER POUR DES POINTS SUR LE BAS RIO GRANDE.

allons maintenant considérer la classe des chiffres de substitution où un certain nombre d'alphabets sont utilisés, le nombre et le choix des alphabets dépendant d'un mot clé ou équivalent et étant utilisés périodiquement tout au long du message.

A cette classe appartiennent les méthodes de Vigenère , de Porta, de Beaufort, de Saint-Cyr et de bien d'autres. Ces méthodes remontent à plusieurs centaines d'années, mais leurs variantes apparaissent constamment sous forme de nouveaux chiffres. Le chiffre de Larrabee, utilisé pour la communication entre les administrations, est le chiffre de Vigenère du XVIIe siècle. La méthode du disque chiffré est pratiquement le chiffre de Vigenère avec des alphabets inversés.

En utilisant ces chiffres, on obtient un certain nombre d'alphabets chiffrés différents, généralement vingt-six, et chaque alphabet chiffré est identifié par une lettre ou un chiffre différent. Un mot ou une phrase clé (ou un numéro clé) est convenu par les correspondants. Le message à chiffrer est écrit en lignes contenant un nombre de lettres multiple du nombre de lettres de la clé. La clé est écrite sur la première ligne. Ensuite, chaque colonne sous une lettre de la clé est chiffrée par l'alphabet chiffré relatif à cette lettre de la clé. Par exemple, prenons le message « Tous les messages radio doivent désormais être chiffrés », avec la clé GRANT , en utilisant les alphabets chiffrés de Vigenère donnés ci-dessous. Chacun de ces alphabets est identifié par la première lettre ou lettre de gauche qui représente A du texte. Nous utiliserons donc tour à tour les alphabets commençant par G , par R , par A , par N et par T .

g   R. UN N T   g R. UN N T

UN L L   R. UN D je Ô   M. E

S   S UN g E   S M. U   S T

H   E R.   E UN F T E   R. B

E   P. U   T je   N C je   P. H

E   R.

En utilisant l'alphabet indiqué par G , on obtient

g   J.

Oui Oui

N   L

K   T

K

En continuant avec les autres alphabets, nous obtenons

g   C L   E T J.   Z Ô Z X

Oui J. UN T X Oui D U F M.

N   V R.   R. T L   K E E U

K   g U   g B T   T je C UN

K   je

Cette méthode consistant à organiser le message en lignes et en colonnes, puis à chiffrer des colonnes entières avec chaque alphabet chiffré est beaucoup plus courte que la méthode consistant à traiter chaque lettre du message séparément. Le risque d'erreur est également considérablement réduit.

Toutes ces méthodes de chiffrement peuvent être opérées au moyen de carrés contenant les différents alphabets, de disques de chiffrement ou d'arrangements d'alphabets fixes et coulissants. Par exemple, voici le chiffre original de Vigenère :

U B C D E F g H je J. K L M N Ô P. Q R. S T U V W X O Z
N   .   ui

B C D E F g H je J. K L M N Ô P. Q R. S T U V W X O Z U
                              .   ui   N

C D E F g H je J. K L M N Ô P. Q R. S T U V W X O Z U B
                            .   ui   N

D E F g H je J. K L M N Ô P. Q R. S T U V W X O Z U B C
                          .   ui   N

E F g H je J. K L M N Ô P. Q R. S T U V W X O Z U B C D
                        .   ui   N

F g H je J. K L M N Ô P. Q R. S T U V W X O Z U B C D E
                      .   ui   N

g H je J. K L M N Ô P. Q R. S T U V W X O Z U B C D E F
                                                            ui   N

H je J. K L M N Ô P. Q R. S T U V W X O Z U B C D E F g
                                                     ui   N

je J. K L M N Ô P. Q R. S T U V W X O Z U B C D E F g H
                                              ui   N

J. K L M N Ô P. Q R. S T U V W X O Z U B C D E F g H je
                                         ui   N

K L M N Ô P. Q R. S T U V W X O Z U B C D E F g H je J.
                                  ui   N

L M N Ô P. Q R. S T U V W X O Z U B C D E F g H je J. K
                             ui   N

M N Ô P. Q R. S T U V W X O Z U B C D E F g H je J. K L
                          ui   N

N Ô P. Q R. S T U V W X O Z U B C D E F g H je J. K L M
                       ui   N   .

Ô P. Q R. S T U V W X O Z U B C D E F g H je J. K L M N
                     ui   N   .

P. Q R. S T U V W X O Z U B C D E F g H je J. K L M N Ô
                   ui   N   .

Q R. S T U V W X O Z U B C D E F g H je J. K L M N Ô P.
                ui   N   .

R. S T U V W X O Z U B C D E F g H je J. K L M N Ô P. Q
              ui   N   .

S T U V W X O Z U B C D E F g H je J. K L M N Ô P. Q R.
           ui   N   .

T U V W X O Z U B C D E F g H je J. K L M N Ô P. Q R. S
        ui   N   .

U V W X O Z U B C D E F g H je J. K L M N Ô P. Q R. S T
        ui   N   .

V W X O Z U B C D E F g H je J. K L M N Ô P. Q R. S T U
      ui   N   .

W X O Z U B C D E F g H je J. K L M N Ô P. Q R. S T U V
   ui   N   .

X O Z U B C D E F g H je J. K L M N Ô P. Q R. S T U V W
ui   N   .

O Z U B C D E F g H je J. K L M N Ô P. Q R. S T U V W X
ui   N   .

Z U B C D E F g H je J. K L M N Ô P. Q R. S T U V W X O
  N   .   ui

Le premier alphabet horizontal est l'alphabet du texte brut. Chaque alphabet de substitution est désigné par la lettre située à gauche d'une ligne horizontale. Par exemple, si le mot clé est MAUVAIS , les deuxième, premier et quatrième alphabets sont utilisés tour à tour et le mot WILL est chiffré XIOM .

Le chiffre de Larrabee est simplement un arrangement légèrement différent du chiffre de Vigenere et est imprimé sur une carte sous cette forme :

UN

   ABCDEFGHIJKLMNOPQRSTUVWXYZ

   abcdefghijklmnopqrstuvwxyz

B

   ABCDEFGHIJKLMNOPQRSTUVWXYZ

   bcdefghijklmnopqrstuvwxyza

C

   ABCDEFGHIJKLMNOPQRSTUVWXYZ

   cdefghijklmnopqrstuvwxyzab

etc.

Oui

   ABCDEFGHIJKLMNOPQRSTUVWXYZ

   yzabcdefghijklmnopqrstuvwx

Z

   ABCDEFGHIJKLMNOPQRSTUVWXYZ

   zabcdefghijklmnopqrstuvwxy

Les grandes lettres à gauche sont les lettres du mot clé. On notera que ces lettres correspondent aux premières lettres des alphabets chiffrés (en minuscules) comme dans le chiffre de Vigenère .

Une disposition beaucoup plus simple du chiffre de Vigenère consiste à utiliser un alphabet fixe et coulissant. L'alphabet fixe ou coulissant doit être double afin d'obtenir une coïncidence pour chaque lettre lorsque A est défini sur la lettre du mot clé.

Alphabet de texte fixe
ABCDEFGHIJKLMNOPQRSTUVWXYZABCDEFGHIJKLMNOPQRSTUVWXYZ

ABCDEFGHIJKLMNOPQRSTUVWXYZ
Alphabet de chiffre mobile

Comme indiqué ici, A de l'alphabet fixe ou textuel coïncide avec T de l'alphabet chiffré mobile. Il s'agit du paramètre où T est la lettre du mot clé utilisé. L'alphabet mobile inférieur est déplacé pour chaque lettre du message et le A de l'alphabet fixe est amené à coïncider tour à tour avec chaque lettre de la clé avant que la lettre correspondante du texte ne soit chiffrée. Il n'y a évidemment qu'un pas entre cet agencement et celui d'un disque chiffré, où l'alphabet fixe (un seul servira désormais) est imprimé dans un cercle et l'alphabet mobile, également dans un cercle, est sur un disque rotatif séparé. . La coïncidence de n'importe quelle lettre du disque avec A de l'alphabet fixe est obtenue en faisant tourner le disque.

Le disque de chiffrement bien connu de l'armée américaine présente exactement une telle disposition de l'alphabet fixe, mais l'alphabet du disque est inversé. Cela présente plusieurs avantages en termes de simplicité de fonctionnement, mais aucun en termes d'augmentation de l'indéchiffrabilité du chiffre préparé avec. La disposition des alphabets fixes et coulissants qui équivaut au disque chiffré de l'armée américaine est la suivante :

Alphabet fixe
ABCDEFGHIJKLMNOPQRSTUVWXYZABCDEFGHIJKLMNOPQRSTUVWXYZ

ZYXWVUTSRQPONMLKJIHGFEDCBA
Alphabet mobile

On remarquera qu'avec cet arrangement consistant à exécuter les alphabets dans des directions opposées, il devient sans importance quel alphabet est utilisé pour le texte et lequel pour le chiffre car si A = G alors G = A . Ce n'est pas le cas du chiffre de Vigenère .

Il est parfaitement possible de remplacer le disque chiffré de l'armée américaine par une carte. Il aurait cette forme :

ABCDEFGHIJKLMNOPQRSTUVWXYZ

1   AZYXWVUTSRQPONMLKJIHGFEDCB

2   BAZYXWVUTSRQPONMLKJIHGFEDC

3   CBAZYXWVUTSRQPONMLKJIHGFED

etc.

25 YXWVUTSRQPONMLKJIHGFEDCBAZ

26 ZYXWVUTSRQPONMLKJIHGFEDCBA

La première ligne horizontale est l'alphabet du texte. Les vingt-six autres lignes sont les alphabets chiffrés correspondant chacun à la lettre du mot clé qui se trouve à gauche de la ligne.

L'un des chiffres de Porta a été préparé avec une carte de ce genre :

UN B	ABCDEFGHIJKLM NOPQRSTUVWXYZ
CD	ABCDEFGHIJKLM ZNOPQRSTUVWXY
FE	ABCDEFGHIJKLM YABCDEFGHIJK

etc.

| WX | ABCDEFGHIJKLM
PQRSTUVWXYZNO |
| YZ | ABCDEFGHIJKLM
OPQRSTUVWXYZN |

Dans ce chiffre, les grandes lettres de gauche correspondent aux lettres de la clé et, dans chaque alphabet, la lettre inférieure se substitue à la lettre supérieure et vice versa. Par exemple, avec la clé BAD pour chiffrer WILL , nous obtiendrons JVXY . Notez qu'avec B ou A comme lettre clé, le premier alphabet serait utilisé.

Une combinaison des chiffres Vigenere et Porta est la suivante :

UN	ABCDEFGHIJKLMNOPQRSTUVWXYZ
	ABCDEFGHIJKLMNOPQRSTUVWXYZ
avant JC	ABCDEFGHIJKLMNOPQRSTUVWXYZ
	BCDEFGHIJKLMNOPQRSTUVWXYZA
DE	ABCDEFGHIJKLMNOPQRSTUVWXYZ
	CDEFGHIJKLMNOPQRSTUVWXYZAB

etc.

VW	ABCDEFGHIJKLMNOPQRSTUVWXYZ
	LMNOPQRSTUVWXYZABCDEFGHIJK
XY	ABCDEFGHIJKLMNOPQRSTUVWXYZ
	MNOPQRSTUVWXYZABCDEFGHIJKL
Z	ABCDEFGHIJKLMNOPQRSTUVWXYZ
	NOPQRSTUVWXYZABCDEFGHIJKLM

Ici encore les grandes lettres de gauche correspondent aux lettres de la clé et, dans chaque paire d'alphabets, celle du haut est celle du texte en clair et celle du bas est celle du chiffre.

Ce chiffre peut également être opéré par un alphabet fixe et coulissant.

Alphabet fixe

ABCDEFGHIJKLMNOPQRSTUVWXYZABCDEFGHIJKLMNOPQRSTUVWXYZ

ABCDEFGHIJKLMNOPQRSTUVWXYZ

Alphabet de chiffre coulissant

\/ **Index**

BDFHJLNPRTVX

UN   Z   **Lettres de clé.**

CEGIKMOQSUWY

Les autres chiffres mentionnés ne sont que des variantes de ceux qui ont été discutés. Peu importe, dans l'analyse suivante, quelle variété a été utilisée. L'analyse est en réalité basée sur ce qu'on peut faire avec un chiffre constitué d'un alphabet chiffré mixte qui peut être déplacé par rapport à l'alphabet fixe du texte, (Voir Cas 7-b). Il s'agit clairement d'une proposition beaucoup plus difficile que de traiter d'un chiffre dans lequel les alphabets chiffrés s'exécutent dans leur séquence régulière, soit vers l'arrière, soit vers l'avant. En fait, dans l'analyse du cas 7, nous pouvons considérer tout chiffre préparé par la méthode de Vigenère ou l'une de ses variantes comme un cas particulier et simple.

On a découvert il y a longtemps que, dans tout chiffre de cette classe, (1) deux groupes semblables de lettres dans le chiffre sont très probablement le résultat de deux groupes semblables de lettres du texte chiffré par les mêmes alphabets et (2) le nombre Le nombre de lettres d'un groupe plus le nombre de lettres jusqu'au début du deuxième groupe est un multiple du nombre d'alphabets utilisés. Il est évident, bien sûr, que nous pouvons avoir des groupes similaires dans le chiffre qui ne sont pas le résultat du chiffrement de groupes similaires du texte par les mêmes alphabets, mais si nous prenons tous les groupes récurrents dans un message et étudions le nombre de lettres intermédiaires, nous constaterons que la majorité de ces cas seront conformes à ces deux principes.

En changeant le mot clé et le message pour illustrer plus clairement les points ci-dessus, ce qui suit est extrait du Signal Book, 1914, en référence à l'utilisation du disque chiffré dans la préparation d'un message avec un mot clé. 1

"—Ce simple disque peut être utilisé avec un mot chiffré ou, de préférence, des mots chiffrés, connus uniquement des correspondants.... En utilisant le mot clé 'disque' pour chiffrer le message 'Le commandant de l'artillerie ordonnera le retrait de toutes les armes', nous procédera de la manière suivante : Écrivez le message à chiffrer et au-dessus écrivez le mot clé ... lettre sur lettre, ainsi :

DISQU E	DISQU E	DISQU E	DISQU E	DISQU E	DISQU E	DISQU E	DISQU E	DISQU E	DISQU E	DIS
ARTI	LLER	YCOM	MAND	ERWI	LLOR	DÉRA	LLGU	Nouvelle-Galles du Sud	THDR	AW N

DRZC |SXOT |FGEY |RIFH |ZRWC |SXET |AEBK |SXMQ |QQWC |XBPT |DMP

« Maintenant, placez le « a » du disque supérieur sous la première lettre du mot clé du disque inférieur, dans ce cas « D ». La première lettre du message à chiffrer est « A » : « d » s'avère être la lettre liée à « A » et elle est inscrite comme première lettre chiffrée. La lettre « a » est alors placée sous « I » qui est la deuxième lettre du mot clé. 'R' doit être chiffré et 'r' s'avère être la deuxième lettre chiffrée.... Procédez de cette manière jusqu'à ce que la dernière lettre du mot clé soit utilisée et recommencez avec la lettre 'D', continuez donc jusqu'à ce que toutes les lettres du message ont été chiffrées. Réparti en groupes de cinq lettres, il sera le suivant :

« DRZCS XOTFG EYRIF HZRWC SXETA EBKSX MQQQW CKBPT DMF .»

Voilà pour le Signal Book ; Examinons maintenant le message ci-dessus pour des paires ou des groupes similaires et comptons les lettres intermédiaires pour démontrer les principes (1) et (2) ;

CSX   — CSX   16 = 4 × 4

SX   — SX   16 = 4 × 4

SX   — SX   8 = 2 × 4

toilettes — toilettes   16 = 4 × 4

Le mot clé peut contenir 2, 4 ou 8 lettres provenant des preuves, mais nous pouvons en éliminer 2 comme étant improbable et la préparation de tableaux de fréquences de chacun des quatre alphabets montrerait bientôt que 4 est le nombre correct.

Un exemple ultérieur et plus complet (cas 7-a) montrera des paires non séparées par des multiples du nombre d'alphabets utilisés, mais les preuves dans presque tous les cas seront pratiquement concluantes. C'est particulièrement le cas si le hasard nous aide en donnant des groupes de trois lettres ou plus comme le groupe CSX dans l'exemple ci-dessus. Le nombre d'alphabets ayant été déterminé pour chaque alphabet est traité par les méthodes du cas 6 déjà évoqué.

CAS 7-a. — Le message suivant est apparu dans la rubrique « personnelle » d'un journal de Londres :

"MB déposera 27 £ 14s 5j demain",

et le lendemain on retrouve celui-ci :

MB CT OSB UHGI TP IPEWF H CEWIL NSTTLE FJNVX XTYLS FWKKHI BJLSI SQ VOI BKSM XMKUL SK NVPONPN GSW OL.

IEAG NPSI HYJISFZ CYY NPUXQG TPRJA VXMXI AP EHVPPR TH
WPPNEL. UVZUA MMYVSF KNTS ZSZ UAJPQ DLMMJXL JR RA
PORTELOGJ CSULTWNI XMKUHW XGLN ELCPOWY OL. ULJTL
BVJ TLBWTPZ XLD K ZISZNK OSY DL RYJUAJSSGK. TLFNS UVD
VV FQGCYL FJHVSI YJL NEXV PO WTOL PYYYHSH GQBOH
AGZTIQ EYFAX YPMP SQA CI XEYVXNPPAII UV TLFTWMC FU
WBWXGUHIWU. AIIWG HSI YJVTI BJV XMQN SFX DQB LRTY TZ
QTXLNISVZ. CADEAU AII UQSJGJ OHZ XFOWFV BKAI CTWY
DSWTLTTTPKFRHG IVX QCAFV TP DIIS JBF ESF JSC MCCF HNGK
ESBP DJPQ NLU CTW ROSB CSM.

Les messages en question sont parus dans un journal anglais. Il est donc juste
de présumer que le chiffre est en anglais. Ceci est vérifié négativement par le
fait qu'il contient la lettre W qui n'est utilisée dans aucune des langues latines
et que les quinze derniers mots du message sont constitués de deux à quatre
lettres chacun, ce qui est impossible en allemand. Il contient 108 groupes qui
sont probablement des mots, puisqu'il y a 473 lettres soit une moyenne de
4,4 lettres par groupe, alors qu'on s'attend normalement à une moyenne
d'environ 5 lettres par groupe. Les voyelles AEIOU sont au nombre de 90 et
les lettres JKQXZ au nombre de 78. Il s'agit donc d'un chiffre de substitution
(20% de 473=94,6).

Les mots récurrents et les groupes similaires sont AIIWG , AII ; BKSM ,
BKAI ; CT , CTWY , CTW ; DLMMJXL , DL ; FSE , ESBP ; FJNVX ,
FJHVSI ; NPSI , NPUXQG ; OSB , OSY , ROSB ; OL , OL ; PORTELOGJ
, PO ; SQ , SQA ; TP , TP ; TLBWTPZ , TLFNS , TLFTWMC ; UVZUA ,
UVD , UV ; XMKUL , XMKUHW ; YJL , YJVTI .

Tableau de fréquence du message

U B C DE F g H je J. K L M N Ô P. Q R S T U V W X Ou Z
N   .   .   i

15 1 1 8 1 2 1 1 3 2 1 2 1 1 1 2 1 9 3 3 1 1 1 2 19 1
   3 5   3 0 6 6 0 1 3 7 4 9 5 6 3   3 0 7 2 9 0   1

Cela élimine clairement les cas 4, 5 et 6.

En nous référant aux mots et groupes récurrents mentionnés ci-dessus, nous
calculons le nombre de lettres entre chacun.

AII	...	AII	45	=	3×3×5
BK	...	BK	345	=	23×3×5

CT	.... CT	403		Aucun facteur
CTW	.... CTW	60	=	2×2×3×5
DL	.... DL	75	=	3×5×5
ES	.... ES	14	=	2×7
F.J.	.... F.J.	187		Aucun facteur
NP	.... NP	14	=	2×7
OL	.... OL	120	=	2×2×2×3×5
Système d'exploitation	.... Système d'exploitation	220	=	11×2×2×5
OSB	.... OSB	465	=	31×3×5
PO	.... PO	105	=	7×3×5
SQ	.... SQ	250	=	2×5×5×5
TLF	.... TLF	80	=	2×2×2×2×5
TP	.... TP	405	=	3×3×3×3×5
UV	.... UV	115	=	23×5
XMKU	.... XMKU	120	=	2×2×2×3×5
UV	.... UV	73		Aucun facteur
YJ	.... YJ	85	=	17×5

Le facteur dominant est clairement 5, on peut donc considérer que cinq alphabets ont été utilisés, indiquant un mot-clé de cinq lettres. En écrivant le message en lignes de cinq lettres chacune et en dressant un tableau de fréquence pour chacune des cinq colonnes ainsi formées, on trouve ce qui suit :

Tableaux de fréquence

Colonne 1	*Colonne 2*	*Colonne 3*	*Colonne 4*	*Colonne 5*

UN	11	UN	111111111	UN	1	UN	1	UN	11
B		B	111	B	111	B		B	1111111
C	1111111	C	1	C	111	C	1111	C	
D	11	D	11	D	1	D		D	111
E	1111	E		E	11	E	1111111	E	
F	111	F		F	1111111 11	F	111	F	11111
g	1111111 11	g		g	111	g	11	g	11
H	111	H	11111	H	111	H	111	H	11
je	11	je	11	je	1111111	je	11111111111111 111	je	11
J.	11111	J.	1	J.	111111	J.		J.	111111111
K	111111	K	11111	K		K	1	K	1
L		L	1111111111111111 111	L	11	L	11111	L	1
M.		M.		M.	1111111	M.	1111	M.	111
N	1111111	N	111	N	1111	N		N	11111
Ô	11111	Ô		Ô	1111111 11	Ô	1	Ô	
P.	1111111	P.	1111111	P.	1111111 1	P.	1111	P.	
Q	11111	Q		Q		Q	11	Q	111111
R.		R.	1	R.	1	R.	111111	R.	1
S		S	11111111	S	111111	S	111111111111	S	1111111
T	1111111	T	111	T	11111	T	1	T	1111111111111 11
U	1111111	U	111	U	111111	U		U	1
V	11111	V		V	11	V	11111	V	
W	111	W	1111	W		W	11111	W	1111111

X	11	X		X	1111	X	11111111	X	111111
Oui	1111	Oui	11111	Oui		Oui	111	Oui	1111111
Z		Z	11111	Z	111	Z		Z	111

Dans le tableau de la colonne 1, la lettre G apparaît 9 fois. Considérons-le provisoirement comme E . Ensuite, si l'alphabet chiffré s'exécute régulièrement et dans le sens de l'alphabet régulier, C (7 fois) = A et l'alphabet chiffré ressemble beaucoup à la table des fréquences régulières. Notez que TUV (= RST) se produit respectivement 7, 7 et 5 fois et la non-occurrence de B , L , M , R , S , Z , (= Z , J , K , P , Q et X respectivement.)

Dans le tableau suivant, L apparaît 19 fois et en le prenant pour E avec l'alphabet fonctionnant de la même manière, A=H . Le premier mot de notre message, CT , devient ainsi AM lorsqu'il est déchiffré avec ces deux alphabets et les deux premières lettres de la clé sont CH .

De même, dans le troisième tableau, nous pouvons prendre F ou O pour E , mais un examen occasionnel montre que le premier est correct et A=B (même si nous recherchions une voyelle pour la lettre suivante du mot-clé).

Dans le quatrième tableau, je est clairement E et A=E . Le cinquième tableau montre T=14 et J=9. Si nous prenons T=E, nous constatons que nous aurions de nombreuses lettres qui ne devraient pas apparaître. D'un autre côté, si nous prenons J=E puis T=O et compte tenu des nombreux E déjà pris en compte dans les autres colonnes, cela peut être correct. Il vérifie que nous appliquons les trois derniers alphabets au deuxième mot de notre message, OSB , qui se déchiffre MAINTENANT . En utilisant ces alphabets pour déchiffrer l'ensemble du message, nous trouvons qu'il se lit comme suit :

«MB Je suis désormais en sécurité à bord d'une barge amarrée sous Tower Bridge où personne ne pensera à me chercher. J'ai de bons amis mais peu d'argent en raison de l'action de la police. Fais confiance, petite fille, tu crois toujours en mon innocence même si les choses semblent contre moi. Il y a des raisons pour lesquelles je ne devrais pas être interrogé. Doit essayer de s'embarquer avant le mât dans un navire en partance . Les équipages ne seront pas scrutés avec autant d'attention que les passagers. Il y a ceux qui vous feront connaître mes déplacements. Craignez que la police ne falsifie votre correspondance, mais plus tard, lorsque les cris se seront calmés, elle vous fera tout savoir.

La clé de ce message est CHBEF qui n'est pas intelligible en tant que mot mais si elle est mise en chiffres indiquant que la 2ème, la 7ème, la 1ère, la 4ème et la 5ème lettre au-delà de la lettre correspondante du message ont été utilisées, la clé devient 27145 et nous pouvons reliez-le au « personnel » paru dans le même journal la veille de la lecture :

"MB déposera 27 £ 14s 5j demain."

CAS 7-b .

Message

DDLRM	ERGLM	UJTLL	CHERS	LSOEE	SMEJU
DDLRM	ERGLM	UJTLL	CHERS	LSOEE	SMEJU
ZJIMU	DAEES	DUTDB	GUGPN	RCHOB	EQEIE
OOACD	EIOOG	COLJL	PDUVM	IGIYX	QQTOT
DJCPJ	OISLY	DUASI	UPFNE	AECOB	OESHO
PARI	QXUCY	LUQOY	ÉHYDU	LXPEQ	FIXEZ
PDCNZ	ÉNELQ	MJTSQ	ECFIE	ARNDN	ETSCF
IFQSE	TDDNP	UUZHQ	CDTXQ	IRMER	GLXBE
IQRXJ	FBSQD	LDSVI	XUMTB	AEQEB	YLÉCO
IUCUD	QTPYS	VOQBL	ULYRO	YHEFM	OYMUY
ROYMU	EQBLV	UBREY	GHYTQ	CMUBR	EQTOF
VSDDU	DAFFS	CEBSV	TIOYE	TCLQX	DVNLQ
XYTSI	MZULX	BAXQR	ECVTD	ETGOB	CCUYF
TTNXL	UNEFS	IVIJR	ZHSBY	LLTSI	

Lors de la détermination préliminaire, nous avons le nombre de lettres suivant sur un total de 385 :

UN	8	L	23	J.	9
E	38	N	11	Q	22
je	19	R.	14	V	9
Ô	21	S	20	X	13
U	24	T	21	Z	6

Total	110	Total	89	Total	59
	28%		23%		15%

Chaque lettre sauf K et W apparaît au moins six fois. Nous pouvons donc dire qu'il s'agit d'un chiffre de substitution, d'un texte espagnol, et certainement pas du cas 4, 5 ou 6. Nous allons maintenant l'analyser pour des paires ou des groupes récurrents afin de déterminer, s'il s'agit du cas 7, combien d'alphabets ont été utilisés. Ce qui suit est une liste complète de ces groupes et paires récurrents avec le nombre de lettres intervenant et leurs facteurs. Dans un travail de ce genre, les groupes de trois lettres ou plus ont toujours beaucoup plus de valeur que les paires isolées. Par exemple, les groupes HOBE , OYMU , RMERGL et UBRE montrent sans conteste que six alphabets ont été utilisés. Il n'est généralement pas nécessaire de dresser une liste complète comme celle-ci :

AE	74=2×37	C'EST À DIRE	110=2×5×11	CONCERNANT	50=2×5×5
AE	120=2×2×2×3×5	JE SUIS	302=2×151	RMERGL	198=2×3×3×11
ÊTRE	88=2×2×2×11	IO	250=2×5×5×5	CS	132=2×2×3×11
CD	132=2×2×3×11	IX	78=2×3×13	Dakota du Sud	262=2×131
Finance	12=2×2×3	LY	158=2×79	SI	230=2×5×23
CH	36=2×2×3×3	JT	150=2×3×5×5	SI	34=2×17
CO	42=2×3×7	LL	367 Aucun facteur	SI	264=2×2×2×3×11
CO	126=2×3×3×7	QL	164=2×2×41	SI	12=2×2×3
UC	114=2×3×19	LQX	6=2×3	SL	78=2×3×13
DD	186=2×3×31	LU	124=2×2×31	SQ	54=2×3×3×3
DD	116=2×2×29	LU	110=2×5×11	SV	27=3×3×3
DE	285=5×57	LU	234=2×3×3×13	SV	63=3×3×7
DL	218=2×109	LX	66=2×3×11	SV	90=2×3×3×5
DN	14=2×7	LXB	132=2×2×3×11	TD	47 Aucun facteur
QD	120=2×2×2×3×5	LY	158=2×79	TD	165=3×5×11
DU	36=2×2×3×3	MOI	22=2×11	TD	96=2×2×2×2×2×3
DU	24=2×2×2×3	UM	24=2×2×2×3	TN	239 Aucun facteur
DU	38=2×19	UM	240=2×2×2×2×3×5	TS	14=2×7
DU	165=3×5×11	UM	18=2×3×3	TS	156=2×2×3×13
EA	30=2×3×5	ND	47 Aucun facteur	STI	50=2×5×5
EB	78=2×3×13	NE	48=2×2×2×2×3	UBRE	12=2×2×3
CE	180=2×2×3×3×5	NE	18=2×3×3	DU	60=2×2×3×5
ÉCO	126=2×3×3×7	NE	192=2×2×2×2×2×2×3	ADU	270=2×3×3×3×5
EEE	14=2×7	OB	6=2×3	UL	114=2×3×19

FE	105=3×5×7	OB	234=2×3×3×13	ULX	198=2×3×3×11
AE	8=2×2×2	OE	93=3×31	UY	89 Aucun facteur
AE	152=2×2×2×19	OI	144=2×2×2×2×3×3	UZ	162=2×3×3×3×3
égaliseur	88=2×2×2×11	OO	7 Aucun facteur	VI	148=2×2×37
égaliseur	264=2×2×2×3×11	OY	6=2×3	Vermont	33=3×11
égaliseur	44=2×2×11	OY	46=2×23	XQ	114=2×3×19
EEQ	176=2×2×2×2×11	OYMU	6=2×3	XQ	144=2×2×2×2×3×3
urgence	12=2×2×3	PD	75=3×5×5	XU	99=3×3×11
ES	78=2×3×13	QBL	24=2×2×2×3	VOUS	184=2×2×2×23
ET	135=3×3×5	QC	95=5×19	YL	106=2×53
ET	9=3×3	QE	108=2×2×3×3×3	YL	144=2×2×2×2×3×3
ET	54=2×3×3×3	QE	68=2×2×17	YM	6=2×3
ET	31 Aucun facteur	QR	132=2×2×3×11	YRO	12=2×2×3
IL	245=5×7×7	QTO	210=2×3×5×7	ZÉ	6=2×3
HOBE	66=2×3×11	QX	198=2×3×3×11	ZH	183=3×61

Sur cent une paires récurrentes nous en avons cinquante avec les facteurs 2×3=6 ; sur douze triplés récurrents, neuf présentent ces facteurs ; et les quatre groupes récurrents de quatre lettres ou plus ont tous ces facteurs. Les pourcentages sont respectivement de 49,5%, 75% et 100% et l'on peut en déduire que six alphabets ont été utilisés. Mais avant que les six tableaux de fréquences soient établis, il y a encore un point à considérer : pourquoi y a-t-il tant de groupes récurrents qui n'ont pas six comme facteur ? La réponse est qu'un ou plusieurs alphabets sont répétés à chaque cycle ; c'est-à-dire qu'un mot clé de la forme HAVANA a été utilisé. Si tel était le mot clé, les deuxième, quatrième et sixième alphabets seraient les mêmes. Nous verrons plus tard que dans cet exemple les deuxième et sixième alphabets sont les mêmes et cela introduit le grand nombre de groupes récurrents sans le facteur 6.

Nous allons maintenant procéder à la création d'un tableau de fréquences pour chaque alphabet. Comme le message est écrit en trente colonnes, nous prenons la première, la septième, la treizième, etc., comme constituant le premier alphabet ; le deuxième, le huitième, le quatorzième, etc., comme constituant le deuxième alphabet et ainsi de suite. Le préfixe et le suffixe sont notés pour chaque occurrence de chaque lettre. L'importance de ceci sera appréciée lors de l'examen de la forme des tableaux de fréquences. Aucun ne ressemble au tableau de fréquence normal, sauf que chacun est évidemment un alphabet mélangé . Les chiffres après « Préfixe » et « Suffixe » font référence à l'alphabet auquel ils appartiennent, pour plus de commodité lors de références futures.

Tableaux de fréquence

PREMIER ALPHABET					DEUXIÈME ALPHABET				
	Lettre		Préfixe (6)	Suffixe (2)		Lettre		Préfixe (1)	Suffixe (3)
U N	111	3	DUD	FSE	U N		0		
B	11111111	8	OOOFEEOS	EOESYSCY	B	111	3	TQQ	TOUS
C		0			C	1	1	B	C
D	1111	4	TYT	DJUD	D	111111	6	DTPDXT	LBCNVE
E	1	1	E	S	E	1111111111 11	1	ABNBNINRRYN	EOATLATYQT F
F		0			F	111	3	QIA	IQF
g		0			g	11	2	FR	LL
H		0			H	1	1	Z	Ô
je	11111111	8	EOFFEOVS	OSEFQYJ	je		0		
J.		0			J.	1111	4	ZLDI	ILCR
L	1	1	Ô	J.	L	1	1	T	L
M.	1	1	F	Ô	M.	1	1	V	je
N	1111	4	VOUS A NOURRI	EEEE	N	1	1	P.	R.
Ô	1	1	E	Ô	Ô	1111111	7	OIBQRMR	AOEYYYY
P.	11	2	GE	ND	P.	1	1	T	Oui
Q	1111	4	UEOE	OFBB	Q	11111	5	XXITX	OIRCR
R.	1111111	7	EEEYYBB	GSGOEE	R.		0		
S	1	1	D	V	S	11111111	8	REIATBVB	LMLIQQDV
T	11111111	8	JUJMQYVF	LDSBPQDT	T	1	1	T	N

PREMIER ALPHABET

	Lettre		Préfixe (6)	Suffixe (2)
U		0		
V	11	2	UF	MS
X	111111	6	YQTQQA	QUQDYQ
O ui	1	1	Ô	E
Z	111	3	UUM	JHU

DEUXIÈME ALPHABET

	Lettre		Préfixe (1)	Suffixe (3)
U	111	3	XDZ	LLC
V	1	1	S	je
X		0		
O ui	1111	4	BIXB	LCTL
Z		0		

TROISIÈME ALPHABET

	Lettre		Préfixe (2)	Suffixe (4)
U N	1111	4	CEOE	CIRE
B	1	1	D	g
C	111111	6	JUDYQC	PYNUMU
D	1	1	S	D
E	111	3	NEM	SST
F	11	2	FE	SS
g		0		
H		0		
je	111111	6	JMSFQV	MGUXRX
J.		0		
L	11111111111111	14	DGLSJSUEGYBACHETER	RMCSPYXQXEUVXL
M.	1	1	S	E
N	11	2	DT	PX
Ô	1	1	Ô	g
P.		0		
Q	1111111	7	EQSFHSE	ETESCDT
R.	1111	4	NQQJ	CXEZ
S		0		
T	1111	4	EEY	NSCS
U		0		
V	11	2	Dakota du Sud	TN

QUATRIÈME ALPHABET

	Lettre		Préfixe (3)	Suffixe (5)
U N		0		
B		0		
C	11111	5	LRAQT	HHDDL
D	11	2	QD	LU
E	11111111	8	MQAYQALR	JICHCQCC
F		0		
g	1111	4	BOY	UCIH
H	1	1	Oui	E
je		0		
J.		0		
L	1	1	L	T
M.	11111	5	LIYYC	UUUUU
N	111	3	TCV	DZL
Ô		0		
P.	111	3	LCN	DJU
Q	1	1	L	M.
R.	111	3	LAI	MNM
S	111111111	9	LEETQYFTF	ODHCEVCII
T	1111	4	QQVE	BOIG
U	1111	4	ICLC	PDLY
V	1	1	L	U

PREMIER ALPHABET			
Lettre		Préfixe (6)	Suffixe (2)
X	0		
O ui	111111	6	OPOOOE	ESHMMG
Z	0		

DEUXIÈME ALPHABET			
Lettre		Préfixe (1)	Suffixe (3)
X	1111111	7	LILRILN	PZBUBL
O ui	11	2	CL	DLJ
Z	1	1	R.	H

CINQUIÈME ALPHABET			
Lettre		Préfixe (4)	Suffixe (6)
U N	0		
B	11	2	XX	EA
C	1111111	7	GDDSDSD	OOFFOEV
D	111111	6	SCPYNCU	UEUUQTQ
E	11	2	SH	TP
F	0		
g	1	1	U	T
H	111111	6	CCSDGZ	EOOYYS
je	11111	5	EGTSS	EYOMV
J.	111	3	EPX	UOP
L	111111	6	YDUCNX	UDYQQU
M.	111	3	RQR	EJE
N	1	1	R.	D
Ô	111	3	STT	FNB
P.	11	2	UX	FE
Q	1	1	E	E
R.	0		
S	0		
T	1	1	L	S
U	1111111111	dix	MMGPXMMVMD	JDGUMYEBBD
V	1	1	S	Ô
X	0		

SIXIÈME ALPHABET			
Lettre		Préfixe (5)	Suffixe (1)
U N	1	1	B	X
B	11	2	UU	FR
C	0		
D	1111	4	UNLU	ANSA
E	1111111111111	13	MHOIDPZZMBQUC	RREOIQPNRIBQB
F	1111111	7	PCCJEOC	NIIBMVT
g	1	1	U	P.
H	0		
je	0		
J.	11	2	MU	TT
L	0		
M.	11	2	Interface utilisateur	TZ
N	0		
Ô	111111111	9	HCJCHCVIG	BLIBBIQYB
P.	0		
Q	1111	4	DDL	XXXX
R.	0		
S	11	2	HT	BI
T	111	3	OED	DDX
U	1111111	7	JDDDLUL	ZTVAQZN
V	11	2	CI	TI
X	1	0	je	

PREMIER ALPHABET					DEUXIÈME ALPHABET				
	Lettre		Préfixe (6)	Suffixe (2)		Lettre		Préfixe (1)	Suffixe (3)
O ui	1	1	U	F	O ui	11111	5	IHLUH	XDRRT
Z	11	2	XN	EE	Z		0		

Nous allons maintenant exposer certaines des déterminations qui peuvent être faites immédiatement à partir de ces tableaux de fréquences. Il est clair que plusieurs alphabets mixtes ont été utilisés. Comme on pouvait s'y attendre de l'analyse des groupes récurrents, nous remarquons que les tableaux de fréquences pour les alphabets 2 et 6 sont d'une forme générale si proche que ces deux alphabets sont certainement un seul et même. Si un mot espagnol a été utilisé comme mot clé, cela signifie que A est probablement représenté par une voyelle dans ces deux alphabets et est probablement égal à A ou O , car ces deux lettres sont des finales très courantes en espagnol.

1er alphabet. Voyelles probables T , X ; consonnes communes probables, B , I , N , R . Nous concluons cela en raison de la fréquence d'apparition de T et X et de la variété de leurs préfixes et suffixes. Par contre, B , I , N et R ont pour préfixes et suffixes, dans la majorité des cas, E , F , O et S qui sont les voyelles probables dans les 2ème et 6ème alphabets.

2e et 6e Alphabets. — Voyelles probables E , F , O , S ; consonnes communes probables, D , J , Q , U , Y .

Alphabet 3d.— Voyelles probables C , I , L ; consonnes communes probables A , Q , T , Y .

4ème Alphabet.— Voyelles probables, E , G , S , T ; consonnes communes probables, C , M , N , P , U , X .

5ème Alphabet.— Voyelles probables, D , L , U ; consonnes communes probables, C , H , I .

Or, ce chiffre peut avoir été composé de cinq alphabets distincts avec des lettres choisies au hasard, mais il est beaucoup plus probable qu'il ait été préparé avec un disque chiffré ou équivalent, ayant l'alphabet régulier sur le disque fixe et l'alphabet mixte sur le disque mobile. . Une forme équivalente d'appareil (n'utilisant pas l'alphabet mixte en question) est celle-ci :

Alphabet de texte fixe

ABCDEFGHIJLMNOPQRSTUVXYZABCDEFGHIJLMNOPQRSTU
VXYZ

PCJVRQZBAODFSUTMXIYHLGEN

Alphabet de chiffre mobile

Ici, A du texte brut est chiffré par S et les autres lettres viennent comme elles veulent. Si nous déplaçons l'alphabet chiffré d'un espace vers la gauche, A sera chiffré par U et toute la séquence de l'alphabet sera modifiée.

Nous allons donc utiliser une forme telle que celle ci-dessus et voir si nous pouvons insérer nos lettres, telles qu'elles sont déterminées, de manière à ce que chacun des feuillets de chiffre soit identique. On peut commencer ainsi :

ABCDEFGHIJLMNOPQRSTUVXYZABCDEFGHIJLMNOPQ
RSTUVXYZ

1er   t x
*alphab
et*

2j   vieux qei Mme D C U

3D   vieux qei Mme D C U

4ème   vieux qei Mme D C U

5ème c'est toi, mon vieux qei MS

6ème   vieux qei Mme D C U

Dans le 1er alphabet, T et X sont placés respectivement comme A et E en fonction de la fréquence. Dans les 2ème et 6ème alphabets, O et E sont placés respectivement comme A et E en fonction de la fréquence. Dans le 4ème alphabet, E et S sont placés comme A et E , et dans le 5ème, D , U et L sont placés comme A , E et O pour la même raison. Nous avons maintenant un excès de E et un déficit de A, qui seront corrigés si, dans l'alphabet 3d, nous plaçons L , I et C comme A , E et O respectivement. En guise de contrôle, cela nous donne TOLEDO comme mot clé.

Dans le deuxième alphabet, O est quatre lettres à gauche de E ; on peut placer O quatre lettres à gauche de E dans le quatrième et cela relève de V . Notez que dans le quatrième tableau de fréquences, O (= V) n'apparaît pas. De même dans le quatrième alphabet, S est quatre lettres à droite de E ; en le plaçant dans la même position par rapport à E dans les deuxième et sixième, nous avons S sous I . Nous avons déjà noté que S représente probablement une voyelle dans ces deux alphabets. De cette façon, nous pouvons ajouter D et U au troisième alphabet à partir de leur position dans le cinquième par rapport à L et nous pouvons ajouter I et O au cinquième à partir de leur position dans le troisième par rapport à L . Dans tous les cas, nous vérifions les résultats des tableaux de fréquences et ne trouvons rien d'improbable dans les résultats.

Maintenant, dans les deuxième et sixième, essayons Q , D et U comme D , N et R respectivement. Nous pouvons ajouter ces lettres aux troisième, quatrième et cinquième alphabets en observant le nombre de lettres à droite ou à gauche d'une lettre déjà fixée. Nous ajoutons maintenant L aux deuxième, troisième, quatrième et sixième à partir de sa position par rapport à D et U dans la cinquième. M est probablement D dans le quatrième et on peut l'ajouter à chacun des alphabets, sauf le premier, de la même manière. Le tableau est maintenant complet comme indiqué.

Essayons ces lettres sur la première ligne du message et voyons si d'autres lettres vont de soi.

Alphabet 1 2 3   4 5 6 1 2 3   4 5 6 1   2 3   4 5 6 1 2 3   4 5 6 1 2 3 4   5 6

Message D D L   R. M. E R. g L   M. U J. T   L L   C H E R. S L   S Ô E E S M. E   J. U

Décrypté _ N UN _ U E _ _ UN D E _ UN B UN L _ E _ je UN E N E _ je g UN _ R.

En nous référant à nos tableaux de fréquences pour vérifier nos suppositions, nous trouvons que tout concorde assez bien si nous supposons que la première ligne se lit comme suit :

U NA F UE RZ A DE C ABAL LE R IA ENE M IGA

Nous allons maintenant mettre les lettres nouvellement trouvées dans le tableau. Les lettres précédemment trouvées sont en majuscules et les nouvelles lettres en minuscules. L'ajout de D (=U) au premier alphabet nous permet d'ajouter toutes les lettres des autres alphabets au premier par les méthodes déjà évoquées. Chacune des autres lettres peut ensuite être ajoutée à chaque alphabet par ces méthodes :

ABCDEFGHIJLMNOPQRSTUVXYZABCDEFGHIJLMNOPQR
STUVXYZ

1er   T xhgoljqei madame d c u

2j   t xhgOLjQEI MME D C U

3D   t xhgOLjQEI MME D C U

4èm t xhgOLjQEI MME D C U
e

5èm t xhgOLjQEI MME D C U
e

6èm t xhgOLjQEI MME D C U
e

Un alphabet en vérifie un autre de cette manière et nous trouvons que tout correspond jusqu'à présent. Nous allons déchiffrer quelques mots supplémentaires du message chiffré par les alphabets ci-dessus et voir si nous pouvons déterminer de nouvelles lettres.

Alphabet

56123456

Message

JUZJIMUDAEESDUTDBGUGPNRCHOBEQEIEOOACDEIOOGC
OLJLPDUVMIGIYXQ

Décrypté

PR_CEDEN_EDEARAU__UEZ_ILLA_ECASEHA_LAENAZUCAIC
A_AR_HEUS_ED

encore une fois aux tableaux de fréquences, le premier mot est évidemment PRO CEDEN T E. Nous avons également HA L LA et M AR C HEUS T ED . La lettre B peut être déterminée à partir d'un autre groupe de chiffrement, JF B SQDLD (56 1 23456) = PO S ICION . La lettre N peut être déterminée à partir de BET N DQXUC (123 4 56123) = SER R ADERO . Les lettres F et Y peuvent être déterminées à partir de JCPJOISL Y DUASIUP F (23456123 4 5612345 6)= COMPANIA PARTIENDO . Les alphabets complétés, disposés comme précédemment, sont :

ABCDEFGHIJLMNOPQRSTUVXYZABCDEFGHIJLMNOPQR
STUVXYZ

1er TYVNXHGOLJQEIZMSRBADFCPU

2j TYVNXHGOLJQEIZMSRBADFCPU

3D TYVNXHGOLJQEIZMSRBADFCPU

4èm TYVNXHGOLJQEIZMSRBADFCPU
e

5èm TYVNXHGOLJQEIZMSRBADFCPU
e

6èm TYVNXHGOLJQEIZMSRBADFCPU
e

Le mot clé est TOLEDO et le message entièrement déchiffré est :

« Une force de caballeria enemiga procédente d'Aranjuez et Villaseca se rend en Azucaica . Marchez avec votre entreprise partisane de la maison du serradero pour les hauteurs de l' est et du nord d' Azucaica avec la fin de reconnaître votre numéro et votre classe de forces et en disposicion qui se halla. (Q) Esta acantonada (Q) Se hallan otras tropas detras de ella (Q). Le résultat de la reconnaissance nécessite de savoir dedans de trois heures et les médias quand plus . Pongo a sus ordenes un ciclista (X) Fin.

Solution spéciale pour le cas 7

Lorsqu'un message court est chiffré avec un mot clé long, les méthodes d'analyse déjà évoquées peuvent échouer ; premièrement, parce qu'il n'y aura pas de paires récurrentes pour indiquer le nombre d'alphabets utilisés et, deuxièmement, parce qu'il y aura si peu de lettres dans chaque alphabet que les méthodes du cas 6 ne seront pas faciles à appliquer.

Cependant, si nous connaissons ou supposons correctement un mot, de préférence assez long, dans le texte chiffré, la solution est très simple. Par exemple, on pense que le message suivant fait référence à des renforts et contient ce mot.

YANZV	ZNLPP	KQFXI	JBPWA
NRUQP	EPLOM	CCWHM	je

Supposons que REINFORCEMENTS est le premier mot et qu'il est représenté par le groupe de chiffre YANZVZNLPPKQFX . Nous pouvons présenter le test sous cette forme tabulaire, en utilisant un disque chiffré et une carte chiffrée de Larrabee pour déterminer la valeur de A pour chaque lettre sous ces deux systèmes. Tous les autres alphabets suspectés peuvent être essayés en même temps.

Si

Oui U N N Z V Z N L P. P. K Q F X

équivaut à

R. E je N F Ô R. C E M. E N T S

alors, avec le disque chiffré, A est égal à

P. E R. M. UN N E N T B Ô D Oui P.

et, en chiffre de Vigenère , A est égal à

H W F M. Q L W J. L D g D M. F

Il est évident que la supposition quant à l'apparence du mot RENFORTS était correcte, qu'il s'agit du premier mot du message, que le disque chiffré a été utilisé pour préparer le chiffre et que les mots clés sont CORPS PERMANENT .

Il s'agit bien entendu d'un cas particulièrement favorable et nous en prendrons un moins favorable pour montrer comment cette méthode peut être appliquée.

Deux chefs mexicains, A et B, communiquent avec l'alphabet chiffré suivant :

Texte brut ABCDEFGHIJLMNOPQRSTUVXYZ

Chiffrer   PCJVRQZBAODFSUTMXIYHLGEN

Cet alphabet a été déterminé à partir de nombreux messages radio de A, le supérieur, à B, son subordonné, qui dispose d'une force d'environ 2 000 hommes près de la frontière. A utilise la forme ORDENO QUE au lieu de MANDO QUE, plus familière, dans tous ses messages donnant des ordres à B. Le message suivant est reçu de A par la station de radio de B (et d'autres stations d'écoute) et environ une heure plus tard, il y a beaucoup de bruit et mouvement comme si la force de B levait le camp.

IIHAH   YDXRP EGQGV JJEEE HOBGV

GJCAG XAESA VVXLE IILHM PSQAG

BDGAV GSQAZ

Il s'agit d'un chiffre de substitution, mais ce n'est pas le cas 6 utilisant l'alphabet habituel des communications de A à B et, en fait, ce n'est pas du tout le cas 6. Les paires et triplets récurrents pointent vers un mot clé de dix lettres et cela ne nous donnerait que six lettres par alphabet si c'est le cas 7.

Les préparatifs d'un déplacement laissent penser que A a donné un ordre à B et il a alors probablement utilisé l'expression ORDENO QUE dans le message. Nous allons essayer les neuf premières lettres du message comme dans l'autre exemple, en préparant d'abord un disque chiffré ou un agencement coulissant équivalent portant l'alphabet habituellement utilisé entre ces chefs ou le chiffre AB.

Alphabet de chiffre fixe

PCJVRQZBAODFSUTMXIYHLGENPCJVRQZBAODFSUTMXIYH LGEN

ABCDEFGHIJLMNOPQRSTUVXYZ

Alphabet de texte brut coulissant

Chiffre AB

Si je   équivaut à Ô alors A est égal R.

je	R.	C
H	D	X
UN	E	R.
H	N	B
Oui	Ô	Q

Il est clair qu'il n'y a rien ici et que les mots supposés, s'ils apparaissent, se trouvent au milieu du message. On peut passer tout de suite à la combinaison PEGQGV puisque les lettres précédentes ne font pas ORDENO QUE . Nous essayons cela sans résultat et passons à EGQGVJ , GQGVJJ , QGVJJE , GVJJEE , VJJEEE , JJEEEH , JEEEHO , EEEHOB , EEHOBG , EHOBGV , HOBGVG , OBGVGJ , BGVGJC , GVGJCA , VGJCAG , le tout sans résultat. Ce travail nécessite moins de temps qu'on pourrait l'imaginer et constitue un type de travail qui peut être réparti entre plusieurs opérateurs. Venons-en maintenant à la combinaison suivante GJCAGX . Nous ajoutons les trois lettres suivantes, AES , à QUE .

Si

g J. C UN g X UN E S

équivaut à

Ô R. D E N Ô Q U E

Alors, dans le chiffre AB, A est égal à

UN D E R. Ô V je V UN

La clé est trouvée ; VIVA_ADERO et un essai de M dans l'espace vide montrent des résultats corrects. Cela vérifie notre théorie selon laquelle un mot clé de dix lettres a été utilisé et déchiffre le message que nous avons :

PARA EL ATAQUE CONTRA TORREON ORDENO QUE SUS TROPAS MARCHEN ESTE NOCHE X.

La raison de la levée du camp est désormais évidente.

Cette méthode peut être utilisée, avec un peu de travail, sur des mots courts comme THE , AND , etc. Des parties de la clé apparaîtront chaque fois qu'un mot supposé est trouvé dans le message et la clé entière peut être assemblée si suffisamment de pièces sont disponibles. Même si seulement une partie de la clé peut être ainsi récupérée, cela conduira toujours à la solution finale du chiffre en testant la clé partiellement récupérée sur le message lettre par lettre.

A titre d'exemple de récupération d'une clé par utilisation de mots courants courts, référons-nous au message du cas 7-a . Il y a vingt-quatre groupes de trois lettres chacun dans ce message et nous les testerons contre THE , ARE et YOU , en supposant que le chiffre de Vigenere soit utilisé.

	1	2	3	4	5	6	7	8	9	dix	11	12
Si	OSB	VOI	GSW	CYY	ZSZ	BVJ	XLD	OSY	UV D	YJL	SQA	HSI
équivaut à	LE	LE	LE	LE	LE	LE	LE	LE	LE	LE	LE	LE
ou	SON T	SON T	SON T	SON T	SON T	SON T	SON T	SON T	SON T	SON T	SON T	SON T
ou	TOI	TOI	TOI	TOI	TOI	TOI	TOI	TOI	TOI	TOI	TOI	TOI
alors A est égal	VLX	CHE	NLS	JRU	GLV	FOI	ZEE	VLU	BOZ	FCH	ZJW	OLE
ou	OBX	VXE	AGB	CHU	ZBV	BEF	XUZ	OBU	UEZ	YSH	SZW	HBE
ou	QE H	XA O	CEI	EKE	BEF	DHP	ZXJ	QEE	WHJ	AVR	UCG	JEO

	13	14	15	16	17	18	19	20	21	22	23	24
Si	BJV	Effet s	DQ B	AII	OH Z	IVX	JBF	FSE	JSC	NL U	CT W	MSC

sonores												
équivaut à	LE	LE	LE	LE	LE	LE	LE	LE	LE	LE	LE	LE
ou	SONT	SONT	SONT	SONT	SONT	SONT	SONT	SONT	SONT	SONT	SONT	SONT
ou	TOI	TOI	TOI	TOI	TOI	TOI	TOI	TOI	TOI	TOI	TOI	TOI
alors A est égal	ICR	ZYT	KJX	HBE	VAV	POT	QUB	LLB	QLYQ	UE	JMS	JLI
ou	BSR	SOT	DZX	SONT	OQV	IET	JKB	REFLUX	JBYQ	NU	CSC	CBI
ou	TNT	URD	FCH	YUO	QTF	KHD	LNL	GEL	LIE	PXA	EFC	EEE

Dans la colonne 5, nous avons, pour VOUS , la clé BEF ; la colonne 6 donne la même clé pour ARE ; la colonne 10 donne la clé FCH pour THE et la colonne 15 donne la même clé pour VOUS ; la colonne 12 donne la clé HBE pour ARE et la colonne 16 donne la même clé pour THE ; la colonne 23 donne la clé EFC pour VOUS . La seule clé possible pour le message est une clé de cinq lettres composée des lettres BEFCH ou EFCHB ou FCHBE ou CHBEF ou HBEFC . Si la clé dans ce cas était un mot, nous n'aurions aucune difficulté à la déterminer ; en l'état, il n'y a pas de réelle difficulté en la matière puisque l'on peut maintenant diviser le message en blocs de cinq lettres et constater que ZSZ (= YOU) forme les 3ème, 4ème et 5ème lettres d'un groupe. Les lettres clés correspondantes, BEF , sont alors les 3ème, 4ème et 5ème lettres de la clé qui doit être CHBEF .

Cette solution particulière pour le cas 7 dépend tellement de l'intuition de l'opérateur dans le choix d'un mot qu'il n'est généralement pas conseillé de l'utiliser à moins que le message ne soit très court et que les méthodes d'analyse habituelles n'aient été essayées sans succès. Il s'agit cependant d'un merveilleux raccourci dans les cas difficiles où les autres méthodes échouent.

---

1 La méthode utilisée n'est pas la plus satisfaisante pour plusieurs raisons et une meilleure méthode consiste à écrire le message en multiples de la clé et à chiffrer les colonnes comme déjà décrit. ↑

CHAPITRE VIII

8. Le chiffre Playfair. Il s'agit du chiffre de terrain militaire anglais ; comme la méthode est publiée dans des manuels militaires anglais et comme il s'agit d'un chiffre d'une fiabilité éprouvée, elle peut être rencontrée dans les travaux de chiffrement généraux. Le chiffre Playfair fonctionne avec un mot clé ; deux lettres sont substituées à chacune des deux lettres du texte.

Le chiffre Playfair peut être reconnu par les points suivants : (a) C'est un chiffre de substitution, (b) il contient toujours un nombre pair de lettres, (c) lorsque le chiffre est divisé en groupes de deux lettres chacun, aucun groupe n'est constitué de la répétition de la même lettre que SS ou BB , (d) il y aura récurrence de paires tout au long du message, en suivant d'une manière générale, la table de fréquence des digrammes de paires, (e) dans les messages courts il peut y avoir récurrence de des groupes de chiffrement représentant des mots ou même des phrases, et ceux-ci seront toujours trouvés dans les messages longs.

Lors de la préparation d'un chiffre par cette méthode, un mot clé est choisi par les correspondants. Un grand carré, divisé en vingt-cinq carrés plus petits, est construit comme indiqué ci-dessous et les lettres du mot clé sont écrites en commençant par le coin supérieur gauche . Si une lettre revient dans le mot clé, elle n'est utilisée qu'à la première occurrence. Les lettres restantes de l'alphabet sont utilisées pour remplir le carré. Il est d'usage de considérer I et J comme une seule lettre dans ce chiffre et ils sont écrits ensemble dans le même carré.

Si le mot clé choisi est LEAVENWORTH , alors le carré serait construit comme suit :

L	E	UN	V	N
W	Ô	R.	T	H
B	C	D	F	g
IJ	K	M.	P.	Q
S	U	X	Oui	Z

Le texte du message à envoyer est ensuite divisé en groupes de deux lettres chacun, et des équivalents sont trouvés pour chaque paire.

Chaque paire de lettres du carré doit être : Soit (1) sur la même ligne verticale. Ainsi, dans l'exemple ci-dessus, chaque lettre est représentée en chiffre par celle qui se trouve juste en dessous d'elle, et la lettre du bas par celle du haut de la même colonne ; par exemple, TY est représenté par FV .

Ou (2) sur la même ligne horizontale. Chaque lettre dans ce cas est représentée par celle qui se trouve ensuite à sa droite, et la lettre à l'extrême droite par celle à l'extrême gauche de la même ligne horizontale qu'elle ; par exemple RH est représenté par TW .

Ou (3) aux coins opposés d'un rectangle. Chaque lettre de la paire est représentée par la lettre située dans l'autre coin du rectangle sur la même ligne horizontale qu'elle ; par exemple TS est représenté par WY .

Si, en divisant les lettres du texte en paires, on constate qu'une paire est constituée de la même lettre répétée, une lettre factice, comme X , Y ou Z , doit être introduite pour séparer les lettres similaires.

Si le message à envoyer était « L'ennemi bouge à l'aube », il serait divisé en paires :

ÈME   EX FR EM YM VO ES À   DA WN

 et chiffré : Matériel UA AL AK XP TE LU VR M   HL

Le message est ensuite divisé en groupes de cinq lettres pour la transmission.

Pour déchiffrer un tel cryptogramme, (connaissant le mot clé), le récepteur le divise en paires, et trouve dans sa table l'équivalent de ces paires, en prenant la lettre immédiatement au-dessus de chacune, lorsqu'elles sont sur une même ligne verticale ; ceux immédiatement à gauche, lorsqu'ils sont sur la même ligne horizontale ; et ceux aux angles opposés du rectangle lorsque celui-ci est formé.

Il est évident, d'après la description précédente, que toute lettre du texte brut peut être représentée en chiffre par l'une des cinq lettres, à savoir : celle qui se trouve juste en dessous et les quatre autres lettres dans la même ligne horizontale avec elle dans le carré. Prenons, par exemple, la lettre D du texte brut, en combinaison avec chacune des autres lettres de l'alphabet. On a, en utilisant la clé LEAVENWORTH :

```
D Bas C DE  D D G  D D N D D D   FA D Q D RD    C D D D D D D D
A e    C     F      H I S L M N   IR P           S T U V W X Y Z
  de              P           E
  do
  nn
  ées

M F C  F Cali F Fac  G B C B M Gé C    F Dir MAR  B F C F B M Ef G
   D for  G ebo  R M M A X org R    M ecte YLA  X R X A R A fet X
   nie    ok                ie         ur   ND                 s
```

Cela donne D représenté par B C F g M.

4 4 8 4 4   fois,

et, reliées à ces cinq lettres représentant D ,

nous avons   UN R. D M. X B C g

5   5 2 4   5 1 1 1 fois.

A noter que ces lettres sont celles de la colonne verticale contenant D plus les lettres B , C et G , de la ligne horizontale contenant D .

Lieut. Frank Moorman, de l'armée américaine, a développé une méthode pour déterminer les lettres qui composent le mot clé d'un chiffre Playfair. En premier lieu, un mot clé contient nécessairement des voyelles dans la proportion approximative de deux voyelles pour trois consonnes et il est également probable qu'un mot clé contienne d'autres lettres communes. Ce mot clé est placé dans la ou les premières lignes. Maintenant, si l'on dresse un tableau montrant quelles lettres du chiffre apparaissent avec chaque lettre, on constatera que les lettres ayant le plus grand nombre d'autres lettres en combinaison avec elles sont très probablement des lettres du mot clé, ou d'une autre manière. mots, lettres apparaissant dans la première ou la deuxième ligne. Un exemple rendra ça plus compréhensible:

Message

DB FN EX TZ MF TO VB QB QT OB XA OF PR TZ EQ RH QK QV
DX OK AB PR QI EL TV KE EX XS FS BP WD BO BY BF RO EA BO
RH QK QV TX GU EL AB TH TR XN ON EA AY XH BO HN EX BS
HR QB ZM SE XP HF GZ UG KC BD PO EA AY XH BO XP HF KR
QI AB PR QI EL BX FZ BI SE FX PB RA PR QI WC BR XD YG TB QT
EA AY XH BO HN EX BS HR QB PR QI EL BX BT HB QB NF SI SE
BX NU XP BU RB XB QR OX BA TB RH BP WD RP RO GU GX QR
SE ZY OX BA EL AX CW BY BA SX RK RO PR HB OP BD PI CN OX
EM RP KR XT EL AX CW EQ FZ SX EL RH RO PR HB UX DA SE XN
ZN GU EL BX FS DG DB TB ZL VE RH BO RQ.

A partir de ce message, on constitue le tableau suivant, en considérant les lettres de chaque paire :

Premières lettres des paires

	UN	B	C	D	E	Fg	Hje	K	L	M.	NÔ	P.	QR.	S	T	U	V	W	X	Oui	Z

UN		3		1	4														1							1		
B	3			2				3							1	1	4	1			3	1			1		
C										1														1				
D		2																						2	1			
E										1							5			1								
F		1						2				1	1	1														
g				1													1		1				1					
H																	5	1					3					
je		1												1	5		1											
K														1		2	1											
L					8																						1	
M.					1																						1	
N			1			1		2						1								2					1	
Ô		6												1			4	1										
P.		2												1		2							3					
Q					2																							
R.		1						2	2						7	2			1									
S		2				2																	1					
T		1														2							1					
U		1						3						1														
V																2												
W			2																									
X	1	5		1	4	1	1								3					2	1	1						
Oui		5																									1	
Z						2	1									2												

Dans ce tableau, nous sélectionnons les lettres B , E , F , O , R , T , X , comme lettres provisoires du mot clé en raison de la variété d'autres lettres avec lesquelles elles apparaissent. Comme il n'y a que deux voyelles pour sept lettres, nous ajouterons A à la liste en raison de ses occurrences avec B , D , E , R et X . Cela laisse les lettres pour les lignes inférieures du carré comme suit :

.	.	.	.	.
.	.	.	C	D
g	H	IJ	K	L
M.	N	P.	Q	S
U	V	W	Oui	Z

En nous référant à nouveau au tableau, nous constatons que la combinaison la plus fréquente est EL , apparaissant 8 fois, sans aucune occurrence de LE . Désormais, TH est la paire la plus courante en texte brut, et HT n'est pas courant. Le fait que H se trouve sur la même ligne horizontale que L et que E et T soient probablement dans la tonalité, nous amènera à mettre E en première ligne sur H et T en première ligne sur L , de manière à rendre EL égal ÈME .

La deuxième combinaison la plus fréquente est la RP se produisant 7 fois, la RP se produisant deux fois. Dans le carré partiellement disposé, PR est égal à M_ ou N_ ou Q_ ou I_ . Nous pouvons éliminer tous ces éléments sauf N_ , et ce N_ ne pourrait être que NO ou NA , de sorte que nous mettrons, provisoirement, le R dans la deuxième ligne sur H et le O et A dans la même ligne sur IJ . Nous avons alors :

.	E	.	.	T
.	R.	AO	C	D
g	H	IJ	K	L
M.	N	P.	Q	S
U	V	W	Oui	Z

Vérifions maintenant cela en sélectionnant les combinaisons commençant par EL et en voyant si le tableau peut les résoudre. On retrouve, ELTV , ELAB , ELBXFZ , ELBXBT , ELAXCWBY , ELAXCWEQ , ELRH , ELBXFS . Maintenant, en supposant que la lettre après EL représente E , nous la faisons représenter par A trois fois, B trois fois, R une fois et T une fois. Cela nécessite que A et B soient placés sur la même ligne horizontale avec E , puisque T est déjà là et R est provisoirement sous E .

La combinaison ELTV est désormais égale à THEZ . Si le T était déplacé d'une place vers la gauche, ce serait THEY , une combinaison plus probable, mais cela nécessite que le L soit également déplacé d'une place vers la gauche, en mettant I ou K dans le mot clé et en retirant O , R ou X et le remettre à sa place dans l'ordre alphabétique. Les paires contenant O les plus fréquentes sont BO six fois, RO quatre fois et OX trois fois. Or ces couples sont égaux respectivement EN , ES et HE , si O est mis entre N et P dans la quatrième ligne. On cessera donc de le considérer comme une lettre du mot clé. La combinaison ELAB ne peut être THE_ qu'en supposant que A soit la première lettre à droite de E . La combinaison ELBX apparaît trois fois. S'il représente THE_ , le B doit être la première lettre de la première ligne et le X doit maintenant être placé sous E là où le R a été provisoirement placé. Nous pouvons extraire THE_ de ELRH en mettant R dans la première ligne ou en le laissant là où il est, mais la prépondérance de la combinaison BX devrait suggérer la première alternative.

Un nouveau carré montrant ces changements ressemblera à ceci :

B	E	UN	T	R.
.	X	.	.	.
g	H	.	L	M.
N	Ô	P.	Q	S
U	V	W	Oui	X

Comme je mets l'espace sous B donnera le mot BEATRIX et comme une voyelle y est clairement nécessaire, on utilisera donc le IJ et laissera K entre H et L . Cela laisse C , D et F à placer. Il est apparu au début que F était dans la tonalité mais s'il est dans la deuxième ligne, à proximité des lettres de la première ligne, cela donnera les mêmes indications. En complétant le carré, nous avons alors

B	E	UN	T	R.
IJ	X	C	D	F
g	H	K	L	M.
N	Ô	P.	Q	S
U	V	W	Oui	Z

Avec ce carré, le message se déchiffre sans difficulté.

« Il est très fréquemment nécessaire d'employer des chiffres et ils ont été employés pendant de nombreux siècles dans les relations entre (x) et gouvernements, pour la communication (x) entre (x) et commandants (x) et leurs subordonnés et particulièrement entre (x) et gouvernements et leurs agents dans les pays étrangers ; Il existe de nombreux cas dans l'histoire où la capture d'un message non chiffré a rendu les ravisseurs du message victorieux dans leurs mouvements militaires.

On verra que la méthode du Lieut. Moorman nous a permis de sélectionner six lettres du mot clé sur huit lettres choisies provisoirement. La raison de l'apparition de F a déjà été notée ; la lettre O apparaissait avec beaucoup d'autres lettres car elle restait dans la même ligne avec N et S et se trouvait sous H . Il était donc probable qu'il représentait l'une de ces trois lettres qui apparaissent très fréquemment dans n'importe quel texte.

Chiffres de substitution à deux caractères

CAS 9.— Chiffres de substitution à deux caractères. Dans les chiffres de ce type, deux lettres, chiffres ou signes conventionnels sont substitués à chaque lettre du texte. Il existe de nombreuses façons d'obtenir les caractères à substituer mais, en général, ces chiffres peuvent être considérés comme des variétés spéciales du cas 6 ou du cas 7. Les chiffres qui relèvent de ce cas ne sont pas bien adaptés à la correspondance télégraphique car le message chiffré sera contient deux fois plus de lettres que le texte brut. Cependant, ils sont tellement utilisés ; nous avons un exemple dans lequel deux chiffres sont substitués à chaque lettre, ce qui rend la transmission télégraphique très lente.

Le cas 9 peut être reconnu par tout ou partie des points suivants : le nombre de caractères du chiffre est toujours un nombre pair ; souvent, seules quelques-unes, disons cinq à dix, des lettres de l'alphabet apparaissent ; soit un tableau de fréquence pour les paires du texte chiffré ressemblant au tableau de fréquence normal d'une seule lettre peut être créé, soit des groupes de quatre lettres montreront une récurrence régulière, à partir de laquelle le chiffre peut être résolu comme dans le cas 7.

CAS 9a.—

Message

RNTGN RAAGR NARNA GTGRA TGAAN NANGG RARAT NAANR
NNNRN AAAGG AANGR NGGNN NRNAA AANRA TNANN
NGGRN RNNRG TTGRG TGGRN ARNTG NNART GGRNR
GRNNT GTGAA NNARN ARNRT TGAGG GAAAA NANNA
RNAGA NGNAT NNNAT

Ce message contient 160 lettres et on notera que les seules lettres utilisées sont A , G , N , R et T .

Nous pouvons nous attendre à un simple chiffre de substitution de deux lettres à la fois. Cela simplifiera le travail si nous divisons le chiffre en groupes de deux lettres puis, si nous trouvons qu'il y a 26 groupes récurrents ou moins, attribuons une lettre arbitraire à chaque groupe et élaborons le chiffre par la méthode du cas 6.

RN TG NR AA GR NA RN AG TG RA TG AA NN AN GG RA RA TN
AA NR NN NR NA AA GG AA NG RN GG NN NA AA AN RA TN
AN NN GG RN RN NR GT TG RG TG GR NA RN TG NN AR TG GR
NR GR NN TG TG AA NN AR NA RN RT TG AG GG AA AA NA NN
AR NA GA NG NA TN NN AT

En substituant des lettres arbitraires, nous avons

ABCDEFAGBHBDIJKH H LDCICFDKDMAKICFDJHLJI K A A
CNBOBEFABIPBECEB B DIPFAQBGKD D FIPFRMFLIS

Maintenant, en préparant un tableau de fréquences, avec note des préfixes et suffixes, nous avons :

	Fréquence		*Préfixe*	*Suffixe*
UN	7	1111111	FMKAFF	BGKACBQ
B	dix	1111111111	AGHNOAPIBQ	CHDOEIEBDG
C	6	111111	BDIIAE	DIFFNÉ
D	9	111111111	CBLFKFBKD	EICKMJIDF
E	4	1111	DBBC	FFCI
F	8	11111111	ECCEPDPM	ADDAAIRL
g	2	11	UN B	BK
H	4	1111	BKJH	BHLL
je	9	111111111	DCKJBEDFL	JCCKPBPP
J.	3	111	IDL	KHI

	Fréquence		Préfixe	Suffixe
K	5	11111	JDAIG	HDIAD
L	3	111	HHF	DJI
M.	2	11	RD	UN F
N	1	1	C	B
Ô	1	1	B	B
P.	3	111	III	Meilleure amie
Q	1	1	UN	B
R.	1	1	F	M.
S	1	1	je	

Une brève étude de ce tableau et de la distribution dans le chiffre conduit à la conclusion que B , F et C sont certainement des voyelles et sont, si la fréquence normale est vraie, égales à E , O et A ou I . De même, D et I sont des consonnes et nous pouvons les prendre comme N et T . je est pris comme T en raison de la combinaison IP (=éventuellement TH) apparaissant trois fois. La lettre suivante par ordre de fréquence est A ; c'est certainement une consonne et peut être considérée comme R en fonction de sa fréquence. Essayons maintenant ces hypothèses sur les deux premières lignes du message. Nous avons

```
      UN                                   UN   UN
R. E      N _ Ô R. _ E _ E N T _ _ _ _ _ N      T      Ô N _ N _
   je                                      je   je
```

Il s'agit clairement du mot REINFORCEMENTS et, en utilisant les lettres ainsi trouvées, le reste de la ligne devient AMMUNITIONAND . On a alors déterminé les lettres suivantes :

Lettres arbitraires UN B C D E F g H je J. K   L M.

Texte brut   R.   E je N F Ô C M. T S UN U D

Si ceux-ci sont remplacés, nous avons pour le message :

LES MUNITIONS ET LES RATIONS DE RENFORTS DOIVENT ARRI_E _AVANT T_E QUINZE_ OU _E NE PEUVENT PAS _O_D OUT_.

À partir de là, le reste des lettres est déterminé :

Lettres arbitraires N Ô P. Q R. S

Texte brut   V B H W L X

Remplaçons maintenant les groupes de deux lettres par les lettres arbitraires :

Lettres arbitraires	K	Ô	g	M.	B	E	P.	C	R.		H	D	F	UN J.	je	L	N	Q	S
Groupes deux lettres	à	GG	RG	AG	NG	TG	GR	RA	NR	Géorgie	RA	AA	N	RN	UN	N.N.	TN	GT	RT	À
													/ A							
Texte brut	UN	B	C	D	E	F	H	je	L		M.	N	Ô	R.	S	T	U	V	W	X

Il est évident que le chiffre a été préparé avec les lettres du mot GRANT choisies au moyen d'un carré de ce genre :

g   R. UN N   T

g   UN B   C   D   E

R. F   g   H   je K

UN L   M. N   Ô   P.

N   Q   R. S   T   U

T   V   W   X   Oui Z

Ainsi TG=E , AN=S , etc., comme nous l'avons déjà trouvé.

CAS 9-b

Message

1950492958 3123252815 4418452815 2048115041

2252115345 5849134124 5028552526 5933195222

5245113215 6215584143 2861361265 2945565015

2342455850 6345542019 1550185311 2115415828

1124174553 4554205950 2552454132 1533492048

5018152364

Un examen des groupes de deux chiffres chacun qui composent ce message montre que nous avons 11 à 36 et 41 à 65 avec onze groupes manquants. Or, la combinaison 11 à 36 est très familière dans les chiffres de substitution numérique (voir cas 6-c) et on notera que 41 à 66 nous donnerait un alphabet similaire. Faisons un tableau de fréquence sous cette forme :

Groupe	*Fréquence*	*Groupe*	*Fréquence*
11	11111	41	11111
12	1	42	1
13	1	43	1
14		44	1
15	111111111	45	111111111
16		46	
17	1	47	
18	111	48	11
19	111	49	111
20	1111	50	11111111
21	1	51	
22	11	52	1111
23	111	53	111
24	11	54	11
25	111	55	1
26	1	56	1
27		57	
28	11111	58	11111
29	11	59	11
30		60	

31	1	61	1
32	11	62	1
33	11	63	1
34		64	1
35		65	1
36	1	66	

Chacun de ces tableaux ressemble au tableau de fréquence normal, à l'exception de la position de 20 et 50 qui devrait représenter T , selon toutes nos règles, et devrait être apparemment 30 et 60. Mais supposons que nous mettions l'alphabet et les chiffres correspondants sous cette forme :

	1	2 3 4 5	6 7 8 9 0
1 ou 4	U	N B C	D E	F g H je J.
2 ou 5	K	L M. N Ô	P. Q R. S T
3 ou 6	U	V W X Oui Z

Alors A=11 ou 41, J=10 ou 40 et T=20 ou 50 comme nous l'avons trouvé. En utilisant l'alphabet ci-dessus, le message peut être facilement lu. Notez que ce chiffre est composé de dix caractères seulement, les chiffres arabes.

CAS 9c—

Message

1156254676 2542294432 1949294015 1423217211 2979703115

4924213511 7424147875 7646252444 5143254845 3179742533

4055461512 7573227945 1627481511 7042351944 1378252149

2514764553 1548342126 7215254075 1611257845 4642217415

4952197929 7015242143 2925444933 1970187531 4079254829

4551491411 7321171554

L'examen de ce message montre qu'il est constitué de quarante-quatre groupes différents à deux chiffres allant de 11 à 79. Préparons un tableau de fréquence de ces groupes.

Groupe Fréquence

Groupe	Fréquence
11	111111
12	1
13	1
14	1111
15	111111111
16	11
17	1
18	1
19	1111
20	
21	1111111
22	1
23	1
24	1111
25	1111111111
26	1
27	1
28	
29	111111
30	
31	111
32	1

Groupe	Fréquence
33	11
34	1
35	11
36	
37	
38	
39	
40	1111
41	
42	111
43	11
44	1111
45	11111
46	1111
47	
48	1111
49	111111
50	
51	11
52	1
53	1
54	1
55	1
56	1

Groupe Fréquence

57

58

59

70 1111

71

72 11

73 11

74 111

75 1111

76 111

77

78 111

79 11111

On constate d'emblée la ressemblance entre les tables de fréquences pour les groupes 11 à 19 et 21 à 29 ; pour les groupes 30 à 36 et 50 à 56 ; et pour les groupes 40 à 49 et 70 à 79. Aussi les groupes 11 à 19 et 21 à 29 ont une fréquence s'accordant bien avec la table de fréquence normale des lettres A à I ; les groupes 41 à 49 et 71 à 79 ont une fréquence s'accordant bien avec la table de fréquence normale des lettres K à S ; et les groupes 31 à 36 et 51 à 56 ont une fréquence s'accordant bien avec la table de fréquence normale des lettres U à Z. Nous avons J et T portés disparus, mais notons ce qui s'est passé dans le cas 9-b et que 40 et 70 correspondraient bien à T s'ils suivaient respectivement 49 et 79. Nous pouvons maintenant constituer une table de chiffre comme suit :

	1	2	3	4	5	6	7	8	9	0
1 ou 2	U	N	B	C	D	E	F	g	H	je J.
4 ou 7	K	L	M.	N	Ô	P.	Q	R.	S	T
3 ou 5	U	V	W	X	Oui	Z				

et ce tableau résoudra le message chiffré.

Dans les chiffres relevant des cas 9-b et 9-c, il n'est pas rare d'attribuer certains des nombres inutilisés, tels que 85, 93, etc., à des mots entiers d'usage courant ou à des noms de personnes ou de lieux. Si de tels groupes sont trouvés, leur signification doit être devinée à partir du contexte ; mais si de nombreux messages dans le même chiffre sont disponibles, la signification de ces groupes sera bientôt obtenue. L'apparition de groupes de chiffres aussi étranges dans un message n'interfère pas sensiblement avec l'analyse, et il apparaîtra immédiatement en déchiffrant le message qu'ils représentent des mots entiers au lieu de lettres.

CHAPITRE IX

Autres méthodes de substitution

cas qui précèdent n'épuisent en aucun cas les possibilités du chiffre de substitution, mais ils couvrent pratiquement toutes les méthodes satisfaisantes à des fins militaires, en gardant à l'esprit la conservation du temps, la minimisation de la tension mentale et la nécessité d'éviter les appareils et les règles compliqués. , et que le chiffre résultant devrait être adapté à la correspondance télégraphique.

Un message peut être rechiffré deux fois ou plus en utilisant à chaque fois un mot clé différent ou il peut être chiffré par une méthode et rechiffré par une autre méthode, en utilisant le même mot clé ou un mot clé différent. Des systèmes de chiffrement compliqués nécessitant la mémorisation ou la référence à de nombreuses règles ont été conçus à des fins spéciales. De tels systèmes échouent généralement complètement s'il y a des erreurs de transmission et nous verrons plus loin que de telles erreurs sont très courantes.

Il existe plusieurs machines de chiffrement ingénieuses grâce auxquelles des chiffres compliqués peuvent être formés, mais si l'appareil est disponible et que des messages assez longs sont disponibles pour examen, il est généralement possible de les résoudre. De telles machines ne sont généralement pas assez simples et suffisamment petites pour être utilisées sur le terrain ; et il faut toujours se rappeler qu'un chiffrement machine fonctionne selon certains cycles mécaniques, qui peuvent être déterminés si la machine est disponible.

Un livre du commandant Bazeries , intitulé « Etude sur la Cryptographie Militaire », et une série d'articles de A. Collon , intitulée « Etude sur la Cryptographie », parus dans la Revue de l'Armée Belge , 1899-1902, donnent des illustrations. et les détails du fonctionnement de plusieurs de ces machines de chiffrement et ce dernier aborde les méthodes de déchiffrement des messages chiffrés avec elles. Ces méthodes d'analyse nécessitent de longs messages, et comme chacun d'entre eux n'est adapté qu'au produit d'une certaine machine ou appareil, il n'est pas jugé opportun d'en inclure une discussion ici. Ceux qui s'intéressent à des travaux de chiffrement aussi avancés doivent se référer à ces auteurs et à d'autres auteurs européens sur le sujet.

L'exigence selon laquelle les messages chiffrés doivent être adaptés à la transmission télégraphique exclut pratiquement les chiffrements dans lesquels trois lettres ou plus ou des mots entiers sont substitués à chaque lettre du texte brut. De tels chiffres peuvent être utilisés pour la transmission de messages très courts, mais dans aucun autre cas.

Le chiffre du cas 7, avec un mot ou une phrase clé plus longue que le quart du message, le chiffre selon la méthode du cas 7, utilisant une certaine page d'un livre comme clé, et le chiffre avec une clé courante, où chaque lettre du chiffre est la clé pour chiffrer la lettre suivante, toutes semblent sûres et souhaitables, en théorie, mais, en pratique, le travail de chiffrement et de déchiffrement est désespérément lent, et les erreurs de chiffrement ou de transmission rendent le déchiffrement très difficile. Par ailleurs, le premier et le deuxième de ces chiffres peuvent être résolus par la solution spéciale du cas 7, et le troisième peut être résolu en essayant chacune des vingt-six lettres de l'alphabet comme première lettre clé, puis en poursuivant le travail pendant cinq ou six lettres du chiffre. Lorsque la lettre de clé primaire appropriée est trouvée, la solution des cinq ou six lettres suivantes du chiffre aura un sens, et par la suite, le chiffre ne présente aucune difficulté.

Il existe de nombreuses autres méthodes pour préparer ce qui est virtuellement une clé très longue, voire indéfiniment longue, à partir d'un mot clé court, mais toutes ces méthodes de chiffrement présentent les mêmes inconvénients pratiques de lenteur d'opération et de difficulté de déchiffrement, en cas d'erreurs de chiffrement ou de déchiffrement. la transmission a été effectuée.

Les chiffres de Napoléon étaient de longues séries de chiffres représentant des lettres, des syllabes et des mots. C'étaient en réalité des codes ; et un code basé sur ces principes, mais utilisant des lettres au lieu de chiffres, pourrait être élaboré très facilement. Le War Department Code, le Western Union Code et, en fait, tous les codes ne sont rien d'autre que des chiffres de substitution spécialisés dans lesquels chaque mot de code représente une lettre, un mot ou une phrase du texte brut.

Méthodes combinées de transposition et de substitution

Il est évident qu'un message peut être chiffré par n'importe quelle méthode de transposition, et le résultat chiffré à nouveau par n'importe quelle méthode de substitution, ou vice versa. Mais cela prend du temps et conduit à des erreurs de travail, de sorte que, si un tel processus est employé, les chiffres de substitution et de transposition utilisés seront probablement très simples et peuvent être utilisés assez rapidement.

Après une détermination préliminaire, un chiffre préparé par une telle combinaison de méthodes apparaîtra comme un chiffre de substitution à résoudre en tant que tel. Le tableau des fréquences du résultat ressemblera au tableau des fréquences normales, même si le message sera toujours inintelligible et nous saurons immédiatement qu'il s'agit d'un chiffre de transposition pour une solution ultérieure.

Les méthodes de substitution habituellement rencontrées dans les chiffrements combinés sont celles des cas 4, 5 et 6, et la méthode de transposition est presque toujours le cas 1, et particulièrement les variétés simples de ce cas comme le rail de clôture (cas 1-i), l'écriture inversée ou écriture verticale.

Quelques exemples montreront quelques-unes des combinaisons possibles.

La première ligne du message du cas 4-a est :

OBQFOBPBRP

On pourrait l'écrire BFBBPOQOPR (Cas 1-i), ou PRBPBOFQBO (Cas 1, écriture inversée), ou OFQBOPRBPB (Cas 1, inversé par groupes de cinq).

La première ligne du message du cas 2-b est :

SLCOF WEETN EBRDO ORVYM FFEDI

Nous pourrions l'écrire TMDPG XFFUO FCSEP PSWZN GGFEJ , ou RKBNE VDDSM DAQCN NQUXL EEDCH (Cas 4-a, avancer d'une lettre ou reculer d'une lettre).

Ces exemples donnent une idée de l'utilisation des méthodes de combinaison. Il est très rare de trouver des méthodes complexes de transposition et de substitution utilisées en combinaison. Si l'un est compliqué, l'autre sera généralement très simple ; et ordinairement les deux sont simples, l'expéditeur dépendant de la combinaison des deux pour atteindre l'indéchiffrabilité. Il est évident que cette idée est futile.

Méthodes de chiffrement des chiffres

Il est souvent souhaitable d'envoyer des chiffres dans le corps d'un message chiffré. Plusieurs systèmes de chiffrement prescrivent que tous les chiffres contenus dans le corps d'un message doivent être épelés ; et, bien qu'il ne fasse aucun doute que cela assure une plus grande précision, cela augmente également considérablement la longueur de ces messages. Dans la plupart des systèmes dans lesquels il est permis d'envoyer des chiffres, le système suivant est utilisé. Un indicateur, une des lettres peu utilisées et notamment X , est interpolé avant et après le ou les chiffres à chiffrer, puis, pour chaque chiffre, on substitue une lettre en utilisant ce tableau ou un tableau similaire :

1 2 3 4 5 6 7 8 9 0

UN B C D E F g H je J.

Le chiffrement du message se poursuit ensuite, traitant l'indicateur et les lettres substituées comme s'il s'agissait des lettres d'un mot. Le déchiffreur arrivant à un X , une série de lettres du tableau ci-dessus et un autre X , chasse les X et substitue des chiffres aux lettres.

Parfois, aucun indicateur n'est utilisé, mais le système de substitution d'une certaine lettre pour chaque chiffre est suivi. Là encore, l'indicateur NR peut être utilisé à la place d'une seule lettre.

Les lettres conventionnelles peuvent également remplacer des caractères spéciaux comme ? , $, " , - , ainsi que des points et des virgules, mais cela est rarement fait, à l'exception du point et du point d'interrogation. Le contexte déterminera généralement la signification de ces lettres une fois trouvées. À cet égard, l'utilisation de X pour représenter la fin d'une phrase et de Q pour représenter un point d'interrogation est assez courante.

CHAPITRE X

Erreurs de chiffrement et de transmission

L'une des tâches les plus difficiles pour l'expert en chiffrement est la correction des erreurs qui s'insinuent dans les textes chiffrés lors du processus de chiffrement et de transmission par télégraphe ou radio.

Dans certaines méthodes de chiffrement, une erreur dans le chiffrement d'une lettre, ou l'omission d'une lettre, perturbera tellement le processus de déchiffrement que seule une personne familiarisée avec de telles erreurs peut appliquer les corrections nécessaires.

La transmission de textes chiffrés par télégraphe ou par radio est un processus lent, et de nombreux opérateurs assez bons ne peuvent pas recevoir ces informations de manière satisfaisante, car ils écoutent les mots et devinent parfois les lettres. Les lettres espacées en morse américain sont la cause de tant d'erreurs dans la transmission du code que le War Department Code n'emploie aucun groupe qui les utilise. En fait, ce code se limite aux lettres

UN B D E F g je K M. N S T U X

afin qu'il puisse y avoir un minimum de confusion.

Dans le travail de chiffrement, il est nécessaire, dans des circonstances ordinaires, d'utiliser une ou toutes les lettres de l'alphabet. Pour aider les opérateurs à conserver le texte clair, il est d'usage de diviser le texte chiffré en groupes de quatre, cinq, six ou dix lettres, et des groupes de cinq lettres sont généralement utilisés. L'opérateur destinataire peut alors s'attendre à cinq lettres par groupe, et s'il en reçoit plus ou moins, il est sûr que lui ou l'opérateur expéditeur a commis une erreur. Cette division en groupes d'un nombre constant de lettres élimine les formes des mots et, dans l'esprit du non-expert, augmente la difficulté de résoudre le chiffre. Mais l'augmentation de la difficulté est plus apparente que réelle ; en particulier, car un examinateur de chiffrement se retrouve habituellement confronté à des chiffres sans formes de mots, et l'apparition d'un chiffre avec des formes de mots signifie généralement qu'il en a un facile à manipuler.

On rencontre parfois des messages constitués en partie de texte brut et en partie de chiffre. La partie chiffrée peut ou non conserver ses formes de mots, mais, lorsque cette méthode est utilisée, il est clairement impossible d'avoir un nombre fixe de lettres dans chaque groupe de chiffre si les formes de mots ne sont pas utilisées. Il est presque impossible d'empêcher les erreurs de transmission dans de tels messages, et leur correction nécessite souvent des compétences et un travail considérables.

Pour ceux qui ne connaissent pas les alphabets télégraphiques, ils sont donnés ci-dessous. Les messages envoyés par des télégraphes commerciaux ou militaires ou des lignes sonores seront transmis avec l'alphabet Morse américain. Ceux envoyés par radio, signalisation visuelle ou câble sous-marin seront transmis par Continental Morse, également connu sous le nom de Code international. Les messages peuvent être transmis par les deux alphabets en cours de transmission. Par exemple, un télégramme des Philippines à Nome, en Alaska, sera transmis par Continental Morse (câble commercial) de Manille à San Francisco, par American Morse (ligne terrestre commerciale) de San Francisco à Seattle, par Continental Morse (câble militaire) de Seattle à Valdez, par American Morse (ligne terrestre militaire) de Valdez à Nulato et par Continental Morse (radio militaire) de Nulato à Nome.

Avant février 1914, les lignes télégraphiques du gouvernement mexicain utilisaient un alphabet légèrement différent du morse américain et continental. Cependant, à cette époque, l'utilisation de l'alphabet Continental Morse était prescrite sur ces lignes et on pense que l'utilisation de l'ancien alphabet a complètement cessé sur les lignes mexicaines. Cependant, des opérateurs américains expérimentés n'auraient aucune difficulté à comprendre cet alphabet s'il s'avérait qu'il était utilisé.

La communication radio est, par convention internationale, invariablement en morse continental.

Alphabets télégraphiques

Personnage	Morse américain	Morse continental ou code international
UN	. -	. -
B	- . . .	- . . .
C	. . .	- . - .
D	- . .	- . .
E	.	.
F	. - .	. . - .

Personnage	Morse américain	Morse continental ou code international
g	- - .	- - .
H	. . . .	. . . .
je	. .	. .
J.	- . - .	. - - -
K	- . -	- . -
L	——	. - . .
M.	- -	- -
N	- .	- .
Ô	. .	- - -
P.	. . . . .	. - - .
Q	. . - .	- - . -
R.	. . .	. - .
S	. . .	. . .
T	-	-
U	. . -	. . -
V	. . . -	. . . -
W	. - -	. - -
X	. - . .	- . . -
Oui	. . . .	- . - -
Z	. . . .	- - . .
1	. - - .	. - - - -

Personnage	Morse américain	Morse continental ou code international
2	. . - . .	. . - - -
3	. . . - .	. . . - -
4	. . . . -	. . . . -
5	- - -	. . . . .
6	. . . . . .	- . . . .
7	- - . .	- - . . .
8	-	- - - . .
9	- . . -	- - - - .
0	——	- - - - -
Période	. . - - . .	. - . - . -
Point d'interrogation	- . . - .	. . - - . .
Virgule	. - . -	- - . . - -